Intermediate Version

by
Nelly Andrade-Hughes

**Edited by
Carol Gaab**

Portraits by Gwenna Zanin

Graphic Art by Kheya Siddiqui

Cover Design by Kristy Placido

**Copyright © 2021 Fluency Matters
All rights reserved.**

ISBN: 978-1-64498-229-7

Fluency Matters, P.O. Box 13409, Chandler, AZ 85248
info@FluencyMatters.com • FluencyMatters.com

A Note to the Reader

This Comprehension-based™ reader is written strategically and comprehensibly to help learners easily pick up the language while enjoying a compelling and informative read. It is based on a manageable amount of vocabulary and numerous cognates, making it an ideal read for advanced-beginning and intermediate level students.

There are two versions of this book under one cover: Novice and Intermediate. The Novice version is based on just 190unique words, while the expanded intermediate version contains 331 unique words.

All vocabulary from each version is listed in the corresponding glossary at the end of each story, in the middle of the book. Keep in mind that many verbs are listed in the glossary more than once, as most appear throughout the book in various forms and tenses. (Ex.: I go, he goes, he went, let's go, etc.) Language that would be considered beyond the targeted level is footnoted within the text at the bottom of the page where the expression first occurs.

You are sure to be amazed and inspired by the incredible stories of these extraordinary women! We hope you enjoy the stories and enjoy reading your way to FLUENCY!

About the Author

Nelly Andrade-Hughes is an outstanding Spanish teacher, presenter, and author. She has been teaching Spanish at all levels since 2006. She has presented on acquisition-driven activities and strategies at the local, state and national level. Nelly is a sought-after proofreader and creator of many educational materials. She is an advisor of the Spanish Club and Sociedad Honoraria Hispánica at her school and seeks every opportunity to engage students with her beautiful native language.

Mujeres extraordinarias is Nelly's third Comprehension-based™ Reader. She is also the author of *Selena* and *Minerva*.

This is the Intermediate version of *Mujeres extraordinarias*. To read the Novice version, please turn the book over and read from the back cover.

Índice

Beatrice Vio: Atleta paralímpica 1

Yusra Mardini: Nadadora olímpica 8

Sonita Alizadeh: Rapera 16

Irena Sendler: Trabajadora social y filántropa 23

Petra Herrera: Revolucionaria 32

Clemantine Wamariya: Escritora y activista 39

Glosario 48

Bibliography 74

Beatrice Vio: Atleta paralímpica

Beatrice «Bebe» Maria Adelaide Marzia Vio nació el 4 de marzo de 1997 en Venecia, Italia. Bebe es la segunda de tres hermanos. Cuando tenía 5 años, Beatrice visitó una clase de esgrima[1]. El profesor la vio, le dio una espada y permitió que participara en la clase. Inmediatamente, a Bebe le gustó mucho la esgrima y, por eso, les dijo a sus padres que quería comenzar a tomar clases. Era una niña muy atlética y, en poco tiempo, todos se dieron cuenta de que tenía un gran talento para la esgrima. Rápidamente, la esgrima se convirtió en la actividad favorita de Bebe.

[1]esgrima - fencing

Mujeres extraordinarias

Un día, cuando Bebe tenía 11 años, comenzó a sentirse muy mal. Tenía un fuerte dolor de cabeza, mucha fiebre y vómito, además no tenía energía ni para la esgrima. Sus padres estaban muy preocupados y decidieron ir con ella al hospital. En el hospital, los doctores dijeron que Bebe tenía una enfermedad terrible: meningitis bacteriana. Los doctores les dijeron a sus padres: «Es muy probable que Bebe muera a causa de la meningitis».

Los días pasaron y, contrario a lo que dijeron los doctores, Bebe comenzó a sentirse mejor. En ese momento, su familia supo que Bebe iba a vivir, pero también supo que su vida nunca iba a ser como antes. La meningitis le había causado una septicemia y los doctores le habían tenido que amputar los dos brazos –por debajo de los codos[2]– y las dos piernas –por debajo de las rodillas–. Además, a consecuencia de la septicemia, Bebe tenía marcas en todo el cuerpo, incluyendo la cara.

Beatrice pasó tres meses y medio en el hospital. Durante ese tiempo, le tuvieron que hacer varios trasplantes de piel[3]. Después de cada operación, Bebe sufría de

[2]*por debajo de los codos - below the elbow*
[3]*trasplantes de piel - skin transplants*

dolores terribles en todo el cuerpo. «Todo va estar bien, Bebe. Muy pronto vas a caminar otra vez», le decía su padre. El padre de Bebe, una persona optimista, sabía que su hija se iba a recuperar. Además, él estaba decidido a encontrar las prótesis perfectas para su hija. Él quería que Bebe fuera una persona independiente otra vez.

Después de varios meses en el hospital y de muchas operaciones, Bebe regresó a la escuela. El primer día de clases, Bebe se dio cuenta de que todas las personas la miraban con curiosidad. Por eso, decidió hablar con los otros estudiantes y también con todos los profesores. Ella quería explicarles lo que era la meningitis y por qué había resultado en la amputación de los brazos y las piernas. Bebe sabía que si educaba a las personas, ellos ya no la mirarían con curiosidad.

Además, ella quería que todos comprendieran que las diferencias hacen que el mundo sea un sitio más interesante. Así, Bebe obtuvo un permiso especial de la administración de su escuela para hacer una asamblea. Durante la asamblea, ella explicó su enfermedad y, además, les pidió a todos que pensaran en lo tedioso que sería este mundo si no existieran las diferencias.

Mujeres extraordinarias

Cuando finalmente Bebe recibió sus prótesis, se dio cuenta de que necesitaba aprender muchas cosas. Necesitaba aprender a levantarse, a caminar, a sentarse, a tomar diferentes objetos con las manos y hasta a comer sola. Bebe es una persona perseverante y, por eso, en solo unos meses ya estaba haciendo muchas de esas cosas. Así, solo un año después de que le amputaran los brazos y las piernas, Bebe decidió practicar la esgrima otra vez.

Bebe y sus padres hablaron con los doctores, pero ellos les dijeron que no era una buena idea que ella practicara esgrima otra vez. Además, muchas personas les dijeron que en la esgrima no había atletas sin brazos. Les dijeron que los brazos eran esenciales para la esgrima. Todos pensaban que sería imposible que ella pudiera competir. La familia de Bebe los ignoró. Ellos decidieron que iban a buscar a una persona que pudiera hacer las prótesis perfectas para que Bebe practicara esgrima otra vez.

Bebe experimentó con muchas prótesis diferentes. Habló con muchos expertos y, finalmente, encontró lo que necesitaba. Decidió no usar un brazo prostético... ¡Decidió que la espada estaría unida directamente a su codo! Pero, ¿cómo iba a competir? ¿Iba a usar sus piernas prostéticas?

Un día, mientras Bebe estaba viendo una competencia paralímpica de esgrima, se dio cuenta de que las atletas usaban sillas de ruedas. Nadie usaba prótesis. Aunque Bebe podía caminar perfectamente bien con sus prótesis, decidió que competiría usando una silla de ruedas especial para la esgrima.

Bebe comenzó a practicar mucho porque sabía que ya no podía usar las técnicas de antes. Ella sabía que iba a tener que competir atacando porque le iba a ser imposible retraerse[4]. Como resultado, Bebe pasó muchas horas practicando. En muchas ocasiones se sintió frustrada. Lloró mucho, pero decidió usar su frustración como motivación. Bebe no solo continuó practicando todos los días, también continuó con sus estudios porque quería graduarse de la escuela.

Finalmente, en el 2010, Bebe participó en su primera competencia de esgrima en silla de ruedas. Durante esa competencia, todos se dieron cuenta de que ella era una persona sin miedo, decidida y fuerte. Ella continuó compitiendo y mejorando su técnica. Así, después de un año, Bebe obtuvo el primer (1.er) lugar en una competencia internacional y, como resultado, la invitaron a ser parte del equipo italiano de esgrima en silla de ruedas. En

[4]*retraerse - to retreat, withdraw (psychologically)*

Mujeres extraordinarias

poco tiempo, Bebe comenzó a representar a su país en varias competencias internacionales. Obtuvo muchos segundos lugares, pero para ella eso no era suficiente. Bebe quería ser la número uno.

En el 2014, Bebe obtuvo... ¡su primera medalla de oro! Como resultado, el equipo italiano la invitó a participar en los Juegos Paralímpicos de Río de Janeiro. Bebe tenía un problema, como no tenía tiempo de ir a clases, sus notas no eran muy buenas. Sus profesores le dijeron que tenía que decidir: la escuela o la esgrima. Bebe decidió que las dos cosas eran importantes para ella. Quería participar en los Juegos Paralímpicos, pero también quería graduarse de la preparatoria e ir a la universidad.

Bebe continuó estudiando durante el día y practicando todas las tardes. Y fue así como, en el 2016, finalmente tuvo la oportunidad de ir a Río de Janeiro con el equipo italiano de esgrima. En Río, Bebe obtuvo la victoria en todas sus competencias y... ¡llegó a la final! La final iba a ser difícil. Su rival iba a ser la campeona paralímpica Jingjing Zhou, de China.

Bebe se preparó mucho física y mentalmente. El día de la competencia Bebe estaba muy nerviosa, pero también se sentía preparada. La final comenzó. Bebe atacó.

Después, Jingjing también atacó. Muchos pensaban que Jingjing iba a obtener el oro, pero Bebe estaba decidida a obtenerlo. Bebe atacó nuevamente y… de pronto la competencia fue interrumpida. La espada de Jingjing había penetrado la máscara de Bebe. Los médicos la examinaron. Bebe les dijo que estaba bien, que podía continuar. Los médicos la escucharon y le permitieron continuar. Bebe atacó otra vez a Jingjing y, finalmente, ¡obtuvo la medalla de oro!

Después de ganar la medalla de oro, Bebe se concentró en sus estudios y se graduó de la preparatoria. Después de la graduación, Bebe Vio decidió ir a la Universidad de Roma para estudiar Comunicaciones y Relaciones Internacionales. Además, ella y sus padres fundaron Art4Sport, una organización que ayuda a las personas que necesitan prótesis. Hasta este momento, Bebe continúa practicando esgrima porque quiere continuar participando en los Juegos Paralímpicos. Ella quiere obtener otra medalla de oro.

Yusra Mardini: Nadadora olímpica

Yusra Mardini nació el 5 de marzo de 1998 en Damasco, Siria. Yusra es la segunda de tres hermanas. Cuando era pequeña, Yusra le tenía miedo al agua. Un día su papá le dijo: «Métete al agua. No te va a pasar nada. Todo va a estar bien». El papá de Yusra la convenció y ella aceptó meterse al agua. En poco tiempo, la natación se convirtió en la actividad favorita de Yusra. Para ella nadar era como transportarse a un mundo donde los problemas no existían.

Yusra comenzó a practicar todos los días y, en poco tiempo, comenzó a participar en varias competencias de natación. Su entrenador le dijo que era una atleta excelente y que, si continuaba practicando, en el futuro podría competir en los Juegos Olímpicos. En ese tiempo Yusra era una niña feliz porque pensaba que tenía todo lo que necesitaba: la oportunidad de nadar todos los días, de ir a la escuela y de pasar tiempo con su familia a la que adoraba.

Yusra vivió feliz en Siria hasta el 2011. En el 2011, muchas personas de Siria comenzaron a protestar en contra[1] del presidente Asad. Esas personas protestaban porque decían que su gobierno no era democrático. Al presidente Asad no le gustaban las protestas y, como resultado, sus hombres comenzaron a atacar a los protestantes. En poco tiempo la violencia en Siria se convirtió en un grave problema y, como resultado, muchas personas inocentes comenzaron a morir.

Había mucha violencia en Damasco. Además, las bombas ya habían destruido gran parte de la ciudad. Tristemente, el club de natación donde Yusra practicaba fue bombardeado y destruido. Como resultado, ella ya no

[1] *en contra - against*

Mujeres extraordinarias

tenía dónde nadar. La situación se hacía más violenta. Cada día había más ataques y bombardeos en Damasco. Cada día era más difícil que las personas salieran de sus casas. Cada día estaban muriendo más y más personas inocentes. Por eso, como respuesta a la violencia, muchas personas comenzaron a abandonar la ciudad y también el país.

Yusra se dio cuenta de que la situación era muy grave y decidió hablar con sus padres: «Necesitamos irnos de Siria. Tenemos que irnos a Europa. Si continuamos viviendo en Damasco, es posible que nosotros también seamos víctimas de la violencia». Los padres de Yusra la escucharon, pero le dijeron que no podían irse de Siria porque su hermanita era muy pequeña; solo tenía 6 años.

Cuando Yusra tenía 14 años, su casa fue destruida durante uno de los bombardeos. La familia Mardini tenía mucho miedo y, por eso, la madre de Yusra decidió que sus dos hijas mayores, Sara y Yusra, tenían que salir de Siria inmediatamente. Quería que ellas comenzaran una nueva vida en Berlín. Unos días después, Sara y Yusra salieron de Damasco sin sus padres. Cuando salieron de Damasco solo tenían un poco de ropa, un celular y el dinero que necesitaban para pagarles a los traficantes que las iban ayudar a escapar a Europa.

Sara y Yusra fueron al aeropuerto de Damasco y tomaron un vuelo a Beirut, la capital de Líbano. En Beirut, tomaron un vuelo a Estambul, Turquía. Cuando las hermanas Mardini salieron del aeropuerto de Estambul, tenían mucho miedo. Tenían miedo de que la policía las arrestara y las deportara a Siria. Aunque tenían miedo, Yusra y Sara fueron directamente a la costa porque sabían que ahí encontrarían a un traficante que las ayudaría a llegar a Grecia. Cuando las hermanas finalmente encontraron a un traficante, le dieron dinero y esperaron al bote que las llevaría a Grecia.

Cuando el bote llegó a la costa, Yusra, Sara y otras dieciocho personas lo abordaron. El bote comenzó a navegar hacia Grecia pero, en poco tiempo, la guardia costera de Turquía los interceptó y los obligó a regresar a la costa. El traficante les dijo que otro bote iba a llegar en unas horas y que, cuando llegara, finalmente navegarían hacia Grecia. Después de unas horas, un pequeño bote llegó a la costa. Era un bote de motor para 6 personas, pero los traficantes les dijeron: «Todos, al bote». ¡Había 20 personas en el bote! ¿Realmente iban a poder llegar a Grecia?

Mujeres extraordinarias

Quince minutos después de salir de la costa de Turquía, el motor del bote ya no estaba funcionando. Todos estaban nerviosos. De repente, las personas que estaban en el bote se dieron cuenta de que tenían otro problema… ¡El agua se estaba metiendo al bote! El agua se estaba metiendo al bote porque era muy pequeño y también porque llevaba muchas personas y muchas cosas. «Necesitamos tirar las cosas al agua», dijo una persona. Yusra, Sara y las otras personas comenzaron a tirar todas sus posesiones al agua, pero el agua continuaba entrando al bote. ¿Iban a morir?

Yusra y Sara nadaban muy bien, así que decidieron meterse al agua para jalar el bote. Otras dos personas, que también nadaban muy bien, se metieron al agua con Yusra y Sara. El agua estaba muy fría, pero trataron de ignorar el frío. Si ellos no jalaban el bote, la mayoría de las personas iba a morir. Los cuatro comenzaron a jalar el bote. Ellos nadaban y jalaban, nadaban y jalaban. Yusra jalaba el bote usando una cuerda[2] y, como resultado, sufrió varias laceraciones en una de sus manos. Además, la temperatura del agua hacía que ya no pudiera sentir los pies. ¡Estaba exhausta! No sabía si iba a poder nadar hasta la costa de Grecia.

[2]*cuerda - rope*

De repente, Yusra vio a un niño pequeño que estaba en el bote. El niño la estaba mirando. Era obvio que tenía mucho miedo. Yusra pensó en su hermanita y continuó nadando. Las cuatro personas nadaron por tres horas y media hasta que, finalmente, llegaron a la costa de Grecia. Después de llegar a Grecia, Yusra y Sara comenzaron a caminar hacia Alemania. Las hermanas pasaron por Grecia, Macedonia y Serbia. En varias ocasiones tuvieron que esconderse[3] entre los árboles para que la policía no las viera y las arrestara.

Finalmente, después de mucho caminar, llegaron a Hungría y… ¡fueron arrestadas por la policía! La policía llevó a Yusra y a Sara a un campo de refugiados. Ellas hablaron sobre su situación y decidieron que no iban a vivir en ese campo. El plan era vivir en Alemania y ¡ellas estaban decididas a llegar a Alemania! Por eso, las hermanas hicieron un plan para escapar del campo de refugiados. Así, una noche, gracias a que tenían un excelente plan, Yusra y Sara se escaparon del campo de refugiados y continuaron caminando hacia Alemania. Las hermanas pasaron por 9 países diferentes en un mes, hasta que, finalmente, llegaron a Berlín.

[3]esconderse - to hide

Mujeres extraordinarias

En Alemania, Yusra y Sara fueron bien recibidas. Ya no tenían miedo de ser deportadas. Así, las hermanas comenzaron a vivir en un campo alemán con otros refugiados.

En Berlín, Yusra encontró un sitio donde ¡iba a poder nadar otra vez! Pero ella no solo quería nadar, quería competir. Así que decidió audicionar para uno de los equipos de natación de Berlín y, para su sorpresa, ¡fue aceptada! En poco tiempo, muchas personas del club se dieron cuenta de que Yusra tenía un gran talento para la natación y, por eso, decidieron ayudarla. Todos querían que ella representara al club en las competencias de natación.

En el 2016, los organizadores de los Juegos Olímpicos decidieron aceptar a un equipo olímpico formado solo por refugiados. Y, ¡Yusra iba a participar en ese equipo! Fue así como Yusra Mardini tuvo la oportunidad de competir en el nado de 100 metros mariposa. No obtuvo una medalla olímpica, pero la Organización de las Naciones Unidas la invitó a hablar sobre los problemas y sufrimientos de los refugiados.

Con el tiempo, el resto de la familia de Yusra también pudo irse a vivir a Alemania. Hasta el momento, Yusra continúa representando a los refugiados de todo el mundo en diferentes eventos internacionales. Además, se está preparando para participar en las competencias de natación de los Juegos Olímpicos Tokio 2021.

Sonita Alizadeh: Rapera

Sonita Alizadeh nació en 1996 o 1997 en Herat, Afganistán –no existe un certificado oficial de su nacimiento–. Cuando nació, Herat ya era una de las partes de Afganistán dominada por el talibán. La familia de Sonita, como muchas familias afganas, tenía problemas financieros. Los talibanes no permiten que las mujeres trabajen y, como resultado, no pueden ayudar económicamente a sus familias, así que muchas familias tienen poco dinero.

Cuando Sonita tenía 8 años, su familia decidió salir de Afganistán e irse a vivir a Irán. Su familia pagó a un soldado talibán para que los ayudara a escapar a Irán. Durante el escape, Sonita tuvo mucho miedo porque el soldado les dijo que, si no le pagaban más, iba a secuestrar[1] a Sonita y a su hermana y las iba a vender. La familia le pagó al soldado el dinero que quería y, finalmente, llegaron a Teherán.

En Irán, los problemas financieros de la familia continuaron. Para varias familias afganas, una forma de obtener dinero es casando a sus hijas con hombres mayores. Así, cuando Sonita tenía 10 años, su familia le dijo que necesitaba dinero y que, por eso, se tenía que casar. La iban a vender. Ella dice que, como solo tenía 10 años, no comprendía qué era el matrimonio ni ser la esposa de un hombre. Dice que estaba confundida, pero que además tenía mucho miedo. Días después, la familia le dijo a Sonita: «Ya no te vas a casar». Ella no sabía por qué su familia había cancelado el matrimonio, pero no le importó. Ella estaba contenta porque no iba a tener que casarse con un hombre mayor.

[1] *iba a secuestrar - he was going to kidnap*

Mujeres extraordinarias

En Irán, Sonita y su hermana no podían ir a la escuela porque eran indocumentadas. Así que Sonita comenzó a trabajar para ayudar a su familia económicamente. Ella trabajaba limpiando los baños de las oficinas de una organización que ayudaba a los refugiados. Sonita les comentó a las personas que trabajaban para la organización que ella no sabía leer ni escribir, pero que realmente quería aprender a hacerlo. Las personas de la organización decidieron ayudarla y Sonita, finalmente, tuvo la oportunidad de aprender a leer y a escribir.

Además de aprender a leer y a escribir, Sonita aprendió a tocar la guitarra y a usar una cámara fotográfica. Durante ese tiempo, Sonita comenzó a escuchar rap. Sus artistas favoritos eran el iraní Yas y el estadounidense Eminem. Inspirada por la música rap, Sonita comenzó a escribir canciones y poemas. Muchas de sus canciones hablaban del horror que vivían las niñas cuando tenían que casarse con un hombre mayor. Sonita narraba historias de familias que habían vendido a sus hijas de 12 o 13 años. También narraba historias de niñas que tenían moretones[2] en la cara porque sus esposos abusaban de ellas físicamente. Hablaba de niñas que no tenían futuro.

[2]*moratones - bruises*

Después de un tiempo de vivir en Irán, el padre de Sonita murió. Como resultado, la familia decidió regresar a Afganistán. Sonita y su hermana le dijeron a su madre que ellas querían continuar viviendo en Irán, así que su familia se fue sin ellas. Meses después de regresar a Afganistán, su madre fue a Irán a visitarlas. Sonita estaba contenta de ver a su madre, hasta que ella le dijo: «Un hombre de Afganistán quiere que seas su esposa, así que... ¡te vas a casar con él!».

El hermano de Sonita necesitaba 7000 dólares para comprar una esposa, así que su madre había decidido vender a Sonita por 9000 dólares. Cuando Sonita escuchó eso «no podía respirar, no podía hablar». Le era muy difícil imaginarse estar casada con un hombre al que no conocía. Después de unos días en Irán, su madre regresó a Afganistán sin Sonita. Aunque su madre había regresado a Afganistán sin ella, Sonita sabía que era muy posible que, esta vez, iba a tener que casarse con un hombre mayor.

En el 2014, Estados Unidos financió una competencia musical en Teherán. Los participantes tenían que escribir una canción que convenciera a los afganos de salir

Mujeres extraordinarias

a votar durante las elecciones. En Irán, las mujeres no tenían permiso de cantar en público, pero a Sonita no le importó. Ella decidió escribir una canción y participar en la competencia. Sonita rapeó su canción y... ¡obtuvo el primer (1.ᵉʳ) lugar! Y, con el primer lugar, ¡recibió 1000 dólares!

Inmediatamente después de obtener los 1000 dólares, Sonita decidió dárselos a su mamá. La mamá de Sonita estaba muy sorprendida cuando recibió el dinero porque pensaba que las mujeres no podían ayudar económicamente a sus familias. ¿En realidad era posible que vender a su hija no fuera su única opción?

Una documentalista iraní, llamada Rokhsareh Ghaemmaghami, vio la participación de Sonita en la competencia y decidió hacer un documental sobre «la rapera afgana». Sonita aceptó participar en el documental, pero había un problema: su madre todavía quería que fuera a Afganistán a casarse. Sonita no se quería casar, así que le pidió ayuda a Rokhsareh.

Rokhsareh no sabía qué hacer, pero sabía que tenía que ayudarla. Después de pensar en varias opciones, Rokhsareh decidió hablar con la madre de Sonita. Le dijo: «Necesito pasar 6 meses con su hija para hacer mi documental. Si nos permite hacerlo, le puedo pagar 2000 dólares. ¿Qué dice?». Para sorpresa de todos, la madre de Sonita aceptó.

Durante los 6 meses que pasó con Rokhsareh, Sonita escribió la canción *Novias en venta*[3], que habla sobre los matrimonios de niñas con hombres mayores. Después de escribir la canción, decidió hacer un video y subirlo a YouTube. En el video, Sonita camina por la calle vestida de novia, pero no es una novia feliz. Sonita tiene un código de barras en la frente y moretones falsos en la cara y en los brazos. El video es muy impactante y, por eso, se hizo viral rápidamente. En solo dos semanas, ¡tuvo más de 84 000 vistas en YouTube!

Unas semanas después de subir el video a YouTube, Sonita fue contactada por Strongheart Group, una organización de Estados Unidos que ayuda a hacer públicas las historias de personas afectadas por problemas sociales. Este grupo le ofreció a Sonita una visa de estudiante y una beca[4] completa para estudiar en Wasatch Academy, en Utah. Sonita aceptó inmediatamente, pero decidió no decirle nada a su madre por miedo a su reacción.

[3]*Novia en venta - Brides for sale*
[4]*beca - scholarship*

Mujeres extraordinarias

Finalmente, después de estar en Estados Unidos por varios días, Sonita llamó a su mamá por teléfono y le dijo: «Estoy en Estados Unidos y estoy muy contenta porque en este país voy a tener la oportunidad de estudiar». Su madre estaba furiosa, pero le dijo: «Necesitas usar tu hijab todos los días y, cuando puedas, visítanos». Sonita estaba feliz en Estados Unidos y, como resultado, su madre no estuvo furiosa por mucho tiempo. En Estados Unidos las personas comenzaron a pagarle a Sonita por su música y ella comenzó a darle dinero a su madre para ayudar a su familia. Y, gracias a ese dinero, su madre le dijo que ya no necesitaban venderla a un hombre mayor. Finalmente, Sonita iba a tener la posibilidad de decidir su futuro.

Sonita dice que ahora su familia es fan de su música. También dice que comprende las acciones de su madre: «Yo sé que vender a las hijas es parte de la cultura afgana y que muchas madres, como la mía, no conocen otra realidad». Hasta ahora, Sonita continúa escribiendo canciones y luchando por los derechos de las mujeres. Ella dice que, después de graduarse de la universidad, quiere regresar a Afganistán para continuar con su carrera de «raptivista».

Irena Sendler: Trabajadora social y filántropa

Irena Sendler nació el 15 de febrero de 1910 en Varsovia[1], la capital de Polonia. Nació en una familia católica muy unida. Irena y sus hermanos eran personas buenas, respetuosas y solidarias, valores que habían aprendido de su padre, el doctor Stanisław Krzyzanowski.

[1] *Varsovia - Warsaw*

Mujeres extraordinarias

En 1917, cuando Irena tenía 7 años, hubo una epidemia de tifus en la región donde vivía. Muchos de los doctores de Varsovia no querían ayudar a los enfermos porque tenían miedo de contagiarse de esa enfermedad. El padre de Irena también tenía miedo, pero decidió ayudar a las personas infectadas porque sabía que estaban sufriendo. Pero con el tiempo, y después de ayudar a muchos enfermos, el doctor Krzyzanowski se contagió y murió.

Muchos de los pacientes a los que el doctor Krzyzanowski había ayudado eran judíos. Por eso, después de la muerte del doctor Krzyzanowski, varios judíos decidieron ayudar económicamente a la familia del doctor. Pero cuando le ofrecieron su ayuda a la madre de Irena, ella no la aceptó. Entonces, la comunidad judía decidió ayudar a Irena con el dinero que necesitaba para sus estudios universitarios.

En la universidad, Irena era una estudiante muy inteligente pero también rebelde. Mientras estaba ahí, ella vio que discriminaban constantemente en contra de los judíos y, por eso, decidió defenderlos. Como resultado, tuvo problemas y fue suspendida por 3 años. Finalmente, después de terminar su suspensión, tuvo la oportunidad de regresar a la universidad y también de graduarse.

Irena Sendler

En 1939, Alemania invadió Polonia y un año después, en 1940, los nazis crearon el gueto[2] de Varsovia. El gueto de Varsovia era una zona separada en la que los judíos estaban obligados a vivir. Los judíos no tenían permiso de abandonar el gueto y las otras personas no tenían permiso de entrar ahí.

Tiempo después de la creación del gueto, muchas personas de Varsovia se enfermaron de tifus. El gueto tenía un gran número de enfermos porque ahí las condiciones eran precarias[3] e insalubres[4]. Los nazis tenían miedo de que la enfermedad se convirtiera en una epidemia y, como resultado, permitieron que un grupo de enfermeras y doctores entraran al gueto para ayudar a los enfermos.

En 1942, los problemas de tifus y tuberculosis en el gueto eran graves, así que los nazis permitieron que varios médicos, enfermeras y trabajadoras sociales entraran en la zona. Irena fue una de las trabajadoras sociales no judías que obtuvo un pase del Departamento de control de epidemias para tener acceso al gueto de Varsovia.

[2] *gueto - ghetto (a quarter of a city in which Jews were formerly required to live)*

[3] *precarias - precarious, unstable, hazardous*

[4] *insalubres - unsanitary, unhealthy*

Mujeres extraordinarias

El día en que Irena entró, comprendió que la situación de los judíos era realmente grave. Más de 370 000 judíos estaban viviendo en un espacio reducido e insalubre donde, además, eran víctimas de la violencia nazi.

Irena decidió que tenía que ayudar a esas personas y, como resultado, se unió a la Asociación para la Ayuda de Judíos o Zegota. La Zegota era un grupo de activistas que funcionaba con la ayuda del gobierno polaco con el objetivo de salvar a los judíos de los nazis.

Cada día, más y más personas morían en el gueto. Irena ya no quería ver morir a más niños, así que hizo un plan para sacarlos de ahí. Al principio, Irena ponía a los niños en las ambulancias que transportaban a las personas más enfermas a los diferentes hospitales de Varsovia. Pero, con el tiempo, los nazis comenzaron a controlar más la entrada y salida de ambulancias, así que ella tuvo que encontrar otras maneras de sacar a los niños del gueto. Irena comenzó a meter a los niños en bolsas[5] de plástico, en vehículos que transportaban materiales para la construcción y hasta en cajas de muerto[6].

---

[5] *bolsas - bags*
[6] *cajas de muerto - coffins*

Sacar a los niños solo era parte del plan de Irena. Ella también decidió crear identidades nuevas para todos los niños y buscar familias adoptivas para todos los huérfanos[7]. Irena quería que todos esos niños tuvieran información sobre sus padres y sus orígenes, así que también decidió crear un registro. Para crear el registro, Irena escribió la información de los niños y de sus padres en unos papeles. Después, guardó los papeles con la información en jarras y enterró las jarras en la casa de una amiga. Irena quería que los niños pudieran reconectarse con sus familias biológicas después de que terminara el conflicto con los nazis.

Un día, Irena fue a hablar con la familia Ficowska. Los Ficowska tenían una bebé de cinco meses llamada Elzbieta. Sabían que era muy posible que fueran a morir en el gueto y no querían que su bebé muriera con ellos. Ellos estaban desesperados. Querían que Irena sacara a la bebé del gueto. Irena aceptó y comenzaron a preparar el plan. El día llegó. Los Ficowska estaban muy tristes. Irena, con miedo, le dio un narcótico a la bebé para que no llorara. Los voluntarios habían decidido sacarla en un vehículo que transportaba materiales para la construcción y, por eso, la metieron en una caja. La madre de

[7] *huérfanos - orphans*

Mujeres extraordinarias

Elzbieta lloraba descontroladamente. Estaba muy triste y, además, tenía miedo... No quería que su bebé muriera en una caja. Después de meter a su bebé en la caja, la mamá hizo un acto final: metió una cuchara de plata[8] en la caja para que la bebé supiera quién era. La cuchara de plata decía: «Elzunia. 5 de enero de 1942».

Todos tenían miedo, pero sabían que la bebé necesitaba salir del gueto inmediatamente. Un hombre de la Zegota tomó la caja y la puso en el vehículo. ¡Todos estaban muy nerviosos! «¿Y si la bebé lloraba? ¿Y si la veían durante la inspección?». Finalmente, el vehículo pasó por la zona de inspección, pero los nazis no vieron a Elzbieta.

Después de salir del gueto, Irena llevó a la bebé a la casa de su amiga Stanislawa Bussoldowa. En la casa de Stanislawa, Irena escribió la información de Elzbieta en un papel y también creó su nueva identidad: Elzbieta Bussoldowa. Irena y Stanislawa guardaron la cuchara que, con el tiempo, se convirtió en el certificado de nacimiento de Elzbieta. Durante meses, la madre de Elzbieta llamó por teléfono a la casa de Stanislawa para escuchar a su bebé. Tristemente, los padres de la bebé murieron en el gueto tiempo después. Irena había escrito

[8] *cuchara de plata - silver spoon*

la información de todos los niños que rescataba en varios papeles que ponía en jarras de cristal. Por eso, también puso el papel de Elzbieta con los papeles de los otros niños y los guardó en un recipiente de cristal[9].

Entre 1942 y 1943, Irena rescató a 2500 niños del gueto de Varsovia. Gracias a ella, esos niños no murieron a causa de las enfermedades ni de la violencia nazi. Pero, el 20 de octubre de 1943, Irena fue detenida por la Gestapo, la policía secreta de los nazis. Irena fue arrestada cuando los nazis fueron informados de que ella estaba sacando a niños del gueto.

Los miembros de la Gestapo llevaron a Irena a la prisión de Pawiak donde fue interrogada de manera violenta. «Confiesa, ¿dónde están los niños que sacaste del gueto?», le preguntaban los miembros de la Gestapo mientras la torturaban, pero ella nunca dijo nada. A consecuencia de su silencio, los nazis sentenciaron a Irena a muerte.

La Zegota decidió que no iba a permitir que Irena fuera asesinada, así que sus líderes le pagaron a uno de los nazis que trabajaba en la prisión para que ayudara a Irena. «Vamos, te voy a ayudar a escapar», le dijo el nazi.

[9]*recipiente de cristal - crystal/glass container*

Mujeres extraordinarias

Así, el hombre sacó a Irena de la prisión de Pawiak y, después, escribió su nombre en la lista de los prisioneros que habían muerto.

Al salir de la prisión, Irena, que había puesto los papeles con la información de los 2500 niños que había rescatado en unos recipientes de cristal, decidió meterlos entre los árboles de la casa de una amiga. Cuando el conflicto en Varsovia terminó, Irena decidió regresar a la casa de su amiga por los recipientes que tenían la información de los niños.

Irena sacó los recipientes de cristal y les dio los papeles a los miembros del Comité de Salvamento de los Judíos. Ella realmente quería que los niños regresaran con sus familias. Tristemente, los nazis ya habían llevado a muchos de los padres a varios campos de concentración donde fueron asesinados. El Comité de Salvamento encontró familias adoptivas para muchos de los niños, pero la mayoría de ellos fueron llevados a orfanatos.

En el 2007, Irena fue candidata al Premio Nobel de la Paz, pero no ganó. Cuando las personas le preguntaron por qué había decidido rescatar a todos esos niños judíos, ella les respondió: «Porque me educaron con la creencia[10] de que es importante ayudar a las personas que lo necesitan, sin mirar su religión o su nacionalidad. Ayudar a esos niños fue la justificación de mi existencia en este planeta».

En el 2011, se publicó un libro titulado *Life in a Jar: The Irena Sendler Project*. Este libro de Jack Mayer explica cómo, en 1999, tres estudiantes de Kansas descubrieron la impresionante labor de Irena Sendler. Inspiradas por la vida de Irena, estas tres muchachas decidieron escribir y actuar su historia en varias ciudades de Estados Unidos y de otros países.

Con el tiempo, la historia de Irena se hizo famosa por todo el planeta, inspirando a muchas otras personas a escribir y publicar libros sobre la vida de esta extraordinaria mujer. Irena murió el 12 de mayo del 2008, cuando tenía 98 años. Durante toda su vida, continuó su labor de ayudar a las personas que la necesitaban.

[10]*creencia - belief*

Petra Herrera: Revolucionaria

Petra Herrera nació a finales de 1800 en una familia muy pobre. Nadie sabe exactamente cuándo ni dónde nació ni se sabe nada de su familia. Su historia comienza después de 1910, el año en el que comenzó la Revolución Mexicana. En 1910, México tenía un dictador que se llamaba Porfirio Díaz. Muchos mexicanos vivían en condiciones de pobreza extrema y, como resultado, decidieron comenzar una revolución en contra[1] del go-

---

[1] *en contra - against*

bierno del dictador Díaz.

Desde muy pequeña, Petra Herrera se identificó con los ideales de los revolucionarios y, por eso, decidió unirse a ellos. Muchas mujeres ya se habían unido a diferentes grupos revolucionarios, pero la mayoría de ellas no participaban en la lucha armada. La mayoría de las mujeres preparaba la comida para los revolucionarios y curaba a los enfermos. Petra no quería preparar comida ni curar enfermos; ella quería participar en la lucha armada.

Un día, Petra Herrera decidió cortarse el cabello[2] y ponerse pantalones de hombre. Además, decidió que necesitaba aprender a caminar y a hablar como un hombre. Así que comenzó a observar a los hombres para poder imitar su manera de hablar y de caminar. Practicó mucho y, con el tiempo, los imitó tan[3] bien que pudo convencer a todas las personas de que era un hombre. Obviamente, Petra necesitaba un nombre de hombre, así que decidió llamarse «Pedro Herrera».

Un día, Pedro se presentó en el campamento del general Francisco Villa, el famoso revolucionario mexicano,

[2]cabello - hair
[3]tan - so

Mujeres extraordinarias

con la intención de unirse a su lucha. Cuando los otros revolucionarios le preguntaron por qué quería unirse a su grupo, Pedro les respondió: «Soy un hombre que ha vivido muchas aventuras, soy valiente y soy muy bueno con el rifle y la espada. Además me identifico con los ideales del general Villa». Todos los revolucionarios del campamento de Villa estaban convencidos de que «Pedro» era en realidad un hombre y lo aceptaron sin problemas.

En poco tiempo, los revolucionarios se dieron cuenta de que Pedro realmente era muy bueno con el rifle: donde ponía el ojo, ponía la bala[4]. Además, era muy bueno con la espada y un experto en explosivos. Poco a poco, Pedro obtuvo el respeto de los miembros del grupo revolucionario de Pancho Villa y comenzó a convertirse en uno de sus líderes.

Pedro comenzó a planear batallas en las que obtuvieron varias victorias. Los hombres de Villa lo admiraban por sus habilidades como estratega y también porque podía usar un rifle mejor que la mayoría de ellos. Dicen que, un día, Pedro escuchó a dos hombres de su grupo tratando de decidir quién iba a secuestrar[5] a una

[4]*bala - bullet*
[5]*secuestrar - to kidnap*

muchacha. Pedro caminó hacia ellos y les dijo: «Esta muchacha es para mí, ¿tienen algún[6] problema?». Inmediatamente los dos hombres, que respetaban a Pedro y que además le tenían miedo, respondieron: «No, es para ti». Pedro se llevó a la muchacha y, sin que nadie la viera, la ayudó a escapar.

Después de un tiempo luchando con las tropas de Francisco Villa, cuando «Pedro» ya se había convertido en un revolucionario muy respetado, decidió confesar la verdad: «No soy un hombre, soy una mujer. Mi nombre real es Petra Herrera». Petra pensó que, como ya había demostrado que la necesitaban para ganar más batallas, podría convertirse en oficial de las tropas de Villa sin importar que fuera mujer.

Así, en 1914, Petra fue nombrada capitana, con 200 hombres bajo sus órdenes. Petra, que ahora llevaba trenzas, continuó ganando batallas, pero los hombres no la respetaban como habían respetado a «Pedro». Así que Petra decidió abandonar esa tropa y formar una tropa de mujeres. En poco tiempo, cuatrocientas (400) valientes mujeres ya habían decidido unirse a la tropa de Petra Herrera.

[6]*algún - some kind of*

Mujeres extraordinarias

Entre los meses de marzo y abril de 1914, Petra y sus 400 mujeres participaron en una de las victorias más importantes para el grupo de Pancho Villa, la Toma de Torreón. La participación de Petra y de sus mujeres fue crucial para poder tomar esa importante ciudad.

La Toma de Torreón fue decisiva en la Revolución Mexicana porque, cuando las tropas de Villa tomaron Torreón, obtuvieron mucho armamento: artillería, medio millón de balas y también explosivos. Además, obtuvieron acceso a vías[7] del tren que les ayudarían a transportar armas y personas por todo México más rápidamente. Gracias a ese armamento, Villa y sus revolucionarios pudieron ganar muchas otras batallas importantes.

Después de la Batalla de Torreón, el nombre de Petra se hizo famoso. Había canciones –llamadas corridos– que hablaban de ella: «La valiente Petra Herrera al combate se lanzó, siendo siempre la primera, ella el fuego comenzó». Petra pensó que, finalmente, Pancho Villa la nombraría general, pero estaba en un error. Villa se negó a darle crédito militar a una mujer. Como resultado, Petra decidió abandonar el grupo revolucionario de Villa y formar uno de mujeres.

[7] *vías del tren - railways*

No existen documentos que digan exactamente cuántas mujeres había en el grupo de Petra Herrera, pero se dice que llegó a tener hasta 1000 mujeres bajo sus órdenes. Petra era más que una líder para todas esas mujeres, también era su protectora. Entre los grupos revolucionarios se decía que Petra no permitía que ningún hombre pasara la noche en su campamento porque no quería que nadie abusara ni insultara a sus revolucionarias.

En 1917, Petra Herrera decidió unirse a Venustiano Carranza, otro revolucionario mexicano. Petra y su tropa de mujeres participaron en varias batallas y, en poco tiempo, Petra se convirtió en una leyenda especialmente entre las mujeres mexicanas. Otra vez, Petra les dijo a sus superiores que quería ser nombrada general, pero otra vez le negaron ese título. Solo la nombraron coronel. Además, sus superiores disolvieron su grupo revolucionario de mujeres. Ahora Petra no era general ni tenía a su grupo de mujeres revolucionarias. Ella estaba frustrada, pero quería continuar luchando por México.

Poco después de que el grupo de Petra fuera disuelto[8], sus superiores le dijeron que la necesitaban

[8]*disuelto - dissolved*

Mujeres extraordinarias

como espía. Le dijeron que iba a trabajar en un bar en Jiménez, Chihuahua. Petra, que pensaba que la Revolución era muy importante, obedeció y comenzó a trabajar en ese bar. Ahí, mientras les servía alcohol a los militares y a los revolucionarios que no eran parte del grupo de Carranza, Petra escuchaba atentamente todas las conversaciones. Cuando escuchaba información importante, se la pasaba inmediatamente a los hombres de Carranza.

Un día, un grupo de hombres que estaba bajo la influencia del alcohol comenzó a disparar[9] en el bar. Accidentalmente, ellos le dispararon a Petra. La espía recibió tres impactos de bala. No se sabe exactamente cuándo murió, solo se sabe que murió a causa de los disparos.

Hasta ahora, el nombre de Petra Herrera no aparece en la mayoría de los libros sobre la historia de México. Pero, aunque Pancho Villa negó su existencia y sus contribuciones durante la Batalla de Torreón, muchos historiadores han decidido darle crédito por sus contribuciones militares y reconocer el nombre de una de las muchas heroínas de la Revolución Mexicana: Petra Herrera.

[9]*comenzó a disparar - began to shoot*

Clemantine Wamariya: Escritora y activista

Clemantine Wamariya nació en una familia tutsi en 1988, en Kigali, la capital de Ruanda. Tenía dos hermanos mayores, Pudi y Claire. Cuando era pequeña, Clemantine era una niña feliz porque tenía una familia que la quería mucho. Ella y sus hermanos jugaban y se reían todo el tiempo. Pero tristemente, cuando tenía 6 años, su vida cambió[1]. Aunque Clemantine era pequeña, pudo

[1] *cambió - changed*

Mujeres extraordinarias

notar que había menos personas en las calles de su ciudad. También pudo notar que sus padres y otros adultos siempre hablaban en secreto. Los adultos ya no reían ni jugaban con los niños. Todos estaban serios. Todos tenían miedo. Clemantine sabía que algo malo[2] estaba ocurriendo, lo que no sabía era que el gobierno de Ruanda estaba asesinando a los tutsi.

En 1994, poco después de que comenzara la masacre de los tutsis, la madre de Clemantine le dijo: «Mañana tú y Claire van a ir a Butare a visitar a tu abuela». Clemantine estaba muy contenta porque a ella le gustaba mucho pasar tiempo en la casa de su abuela.

Por la mañana, Clemantine se preparaba para irse a la casa de su abuela. Estaba contenta. Por la noche, un hombre misterioso llegó en un vehículo. Nerviosas, Clemantine y Claire se subieron al vehículo.

Después de salir de la casa de los Wamariya, el hombre fue a otras casas y otros niños también se subieron al vehículo. Clemantine no sabía exactamente por qué esos niños también estaban ahí: «Claire, ¿estos niños también van a ir a la casa de la abuela?», le preguntó Clemantine. «¡Shhhh! ¡No hables!», le dijo su hermana.

[2]*algo malo - something bad*

Después de pasar varias horas en el vehículo, Clemantine y Claire llegaron a la casa de su abuela. Cuando las niñas entraron en la casa, vieron que otros miembros de su familia también estaban ahí. Clemantine estaba contenta porque le gustaba mucho jugar con todos ellos. Pero, con el paso de los días, nadie quería jugar con ella. Todo era diferente. Clemantine quería ver a sus papás y a su hermano, así que le preguntó a su abuela: «¿Cuándo van a llegar mis papás y Pudi?». Su abuela le respondió: «Pronto», pero no le dijo nada más.

Un día, una persona llegó a la casa de su abuela. Su abuela sabía que estaban asesinando a los tutsi, por eso, antes de ver quién había llegado a su casa, les dijo a los niños: «Necesitan escapar… ¡YA!». Claire tomó a Clemantine por el brazo y todos salieron corriendo. Corrieron hacia los árboles que estaban detrás de la casa. Mientras corrían, vieron que muchas otras personas también estaban escapando. La mayoría eran niños y adolescentes. Muchos de ellos necesitaban ayuda médica. Clemantine tenía miedo y, por eso, continuó corriendo rápidamente.

Claire y Clemantine corrieron y caminaron por muchas horas. Tristemente, se habían separado de los otros miembros de su familia. Ellas tenían miedo y, por eso, se

Mujeres extraordinarias

pusieron lodo[3] y eucalipto[4] por todo el cuerpo para camuflarse. Claire, que solo tenía 15 años, decidió que no iban a usar las rutas que usaban las personas; usarían las rutas de los animales. Claire les tenía más miedo a los humanos que a los animales africanos. Las niñas caminaban de noche y se escondían[5] de día. Vivían de frutas de los árboles y de agua del río. No pasaban mucho tiempo en un solo sitio porque tenían mucho miedo. En varias ocasiones, escucharon gritos[6] crueles y también gritos de sufrimiento.

Un día, encontraron a un hombre. Las hermanas le tenían miedo. Les tenían miedo a todos. El hombre habló con las hermanas y les dijo:

> – Las puedo ayudar a llegar al río Akanyaru que limita con Burundi. ¿Quieren que las ayude?

Claire no le respondió inmediatamente. Tenía miedo, pero ¡estaba desesperada! Las niñas estaban exhaustas. ¡Sus pies estaban destrozados! Era difícil caminar. Claire no sabía qué hacer, y al final decidió aceptar la ayuda del hombre.

[3]*lodo - mud*
[4]*eucalipto - eucalyptus*
[5]*se escondían - they hid*
[6]*gritos - shouts*

El hombre ayudó a las hermanas a llegar al río. Cuando llegaron, vieron que había muchas personas flotando en el agua. Clemantine, que era muy pequeña para comprender la situación, no sabía que las personas estaban muertas. Después de cruzar el río con el hombre, las niñas continuaron caminando solas. Caminaron por días, sin hablar.

Después de varios días, las hermanas vieron un vehículo de la Cruz Roja. Había muchas personas en el vehículo. El chofer de la Cruz Roja se ofreció a guiar a Clemantine, Claire y a otras personas a un campo de refugiados. Quería llevarlas en el vehículo, pero no había suficiente espacio.

Clemantine y Claire caminaron por un día entero, y por fin, llegaron al campo. ¡Estaban completamente exhaustas! Los trabajadores de la Cruz Roja les dieron una tienda de campaña[7], agua, una bolsa de plástico y un poco de comida.

Tristemente, las condiciones en el campo de refugiados eran terribles y la vida era muy difícil: había poca comida y no había medicinas. Además, ¡había miles y

---

[7]*tienda de campaña - camping tent*

Mujeres extraordinarias

miles de refugiados! Había varias enfermedades contagiosas y muchas personas se enfermaron. Había muchos enfermos, tantos[8] que, si una persona moría, ¡a nadie le importaba!

Claire le dijo a Clemantine que necesitaban buscar otro refugio. Tristemente, la historia se repetía en la mayoría de los refugios: eran insalubres[9], había poca comida, tenían pocos medicamentos, etc. Las hermanas pasaron dos años entre varios campos de refugiados.

Cuando Clemantine tenía 8 años, Claire –que ya tenía 17 años– comenzó a pasar tiempo con un muchacho llamado Rob. Con el tiempo, se casó con él y, meses después, tuvieron un hijo. A los pocos meses, Clemantine, Claire, Rob, su bebé y otras 46 personas, decidieron buscar un nuevo refugio en Tanzania. El grupo abordó un bote y comenzó a navegar hacia su destino. De repente, el agua comenzó a meterse al bote. Las personas comenzaron a tirar sus posesiones al agua. Todos tenían miedo. No querían morir. El agua fría se metía rápidamente. Clemantine comenzó a rezar[10]: «Si llegamos a la

---

[8]*tantos - so many*
[9]*insalubres - unsanitary*
[10]*rezar - to pray*

costa, prometo ser la niña más buena del planeta». Así, antes de que el agua pudiera hundir el bote, el grupo llegó a la costa.

En la costa de Tanzania, unos agentes de migración encontraron al grupo y lo llevaron a un campo de refugiados. La familia de Clemantine no pasó mucho tiempo en Tanzania. Salieron de Tanzania para ir a Malawi, después a Mozambique y, finalmente, a Sudáfrica. De los 6 a los 12 años, Clemantine vivió en 6 países diferentes, pasando de un refugio a otro.

Finalmente, en el campo de refugiados de Sudáfrica, Claire encontró un programa para refugiados en Estados Unidos. Fue así que, cuando Clemantine tenía 12 años, ella y su familia –Claire, Rob y sus dos hijos– llegaron al aeropuerto de Chicago. En Chicago, conocieron a un hombre y a una mujer con los que iban a vivir. Cuando los vio, Clemantine no sabía qué pensar: «¿Podía confiar en ellos?».

Al poco tiempo, Clemantine comenzó a ir a la escuela. Era la primera vez que ella recibía una educación formal. A Clemantine le gustaba ir a la escuela, pero su experiencia como estudiante no siempre fue buena. En varias ocasiones tuvo que responder a preguntas como:

Mujeres extraordinarias

«¿Tenías elefantes cuando vivías en África?», o escuchar comentarios como: «¡Puaj! ¿Pasaste días sin bañarte[11]?».

Además, le era difícil estar en clases en las que se hablara de «genocidios», sin que los profesores realmente comprendieran el significado de ese término. Como resultado, Clemantine decidió que necesitaba educar a las personas sobre esos temas.

En el 2006, Clemantine participó en la competencia nacional de ensayos[12] escritos por estudiantes de preparatoria. ¡Fue una de las 50 ganadoras! Cuando Oprah Winfrey escuchó la historia de Clemantine y de su hermana Claire, decidió invitarlas a su programa de televisión para que hablaran sobre su escape de Ruanda. Lo que ellas no sabían era que Oprah les tenía una sorpresa: su familia también estaba ahí. Ellas no habían visto a sus padres desde 1994. Clemantine estaba muy feliz de ver a su familia después de 12 años.

Después de reunirse con su familia, Clemantine se dio cuenta de que nadie quería hablar de lo que habían vivido. No hablaban del pasado, solo vivían el presente, pero eso no les permitía ser completamente felices. Cle-

[11]*bañarte - bathing*
[12]*ensayos - essays*

mantine decidió que ella continuaría hablando de lo que significaba el genocidio de Ruanda, de los refugiados y de sus sufrimientos, así como de las consecuencias de referirse a las personas como «otro», «menos que», «uno de ellos» o de decir «nosotros somos mejores que ellos».

Clemantine se graduó de la preparatoria y estudió en la Universidad de Yale. En el 2018, publicó un libro llamado *The Girl Who Smiled Beads* y, hasta ahora, continúa luchando por los derechos de los refugiados y por las personas que sufren segregación, racismo y persecución política.

Glosario

A

a - to
abandonar - to abandon
abordaron - they boarded
abordó - s/he boarded
abril - April
abuela - grandmother
abusaban - they abused
(que) abusara - (that) s/he abused
acceso - access
accidentalmente - accidentally
acciones - actions
(fue) aceptada - (was) accepted
aceptar - to accept
aceptaron - they accepted
aceptó - s/he accepted
actividad - activity
activista - activist
activistas - activists
actuar - to act
además - also, furthermore
administración - administration
admiraban - they admired
adolescentes - adolescents, teenagers
adoptivas - adoptive
adoraba - s/he adored
adultos - adults
aeropuerto - airport
afectadas - affected
afgana(s) - Afghan(s)
Afganistán - Afghanistan
afganos - Afghans
África - Africa
africanos - Africans
agentes - agents
agua - water
ahí - there
ahora - now
al - to the
alcohol - alcohol
alemán - German
Alemania - Germany
algo - something
algún - some, any
ambulancias - ambulances
amiga - friend
amputar - to amputate

Glosario - Intermediate

(que) amputaran - (that) they amputated
animales - animals
antes - before
año(s) - year(s)
aparece - s/eh appears
aprender - to learn
(habían) aprendido - (they had) learned
aprendió - s/he learned
árboles - trees
armada - armed
armamento - armament
armas - weapons
arrestada(s) - arrested
(que) arrestara - (that) s/he arrested
artillería - artillery
artistas - artists
asamblea - assembly
(fuera) asesinada - (that she were) murdered
(fueron) asesinados - (they were) murdered
asesinando - murdering
así - so
asociación - association
atacando - attacking
atacar - to attack

atacó - s/he attacked
ataques - attacks
atentamente - attentively
atleta(s) - athlete(s)
atlética - athletic
audicionar - to audition
aunque - even though, although
aventuras - adventures
ayuda - help
ayudaba - s/he was helping
(había) ayudado - (had), helped
ayudar - to help
(que) ayudara - (that) s/he helped
ayudaría - s/he/I would help
ayudarían - they would help
ayudarla - to help her
ayudo - I help
ayudó - s/he helped

B

bacteriana - bacterial
bajo - under
bala(s) - bullet(s)
bañarte - to bathe
baños - bathrooms
bar - bars

Mujeres extraordinarias

batalla(s) - battle(s)
bebé - baby
beca - scholarship
bien - well
biológicas - biological
bolsa(s) - bag(s)
bombardeado - bombarded
bombardeos - bombings
bombas - bombs
bote - boat
brazo(s) - arm(s)
buena(s) - good
bueno - good
buscar - to search, to look for

C
cabello - hair
cabeza - head
cada - each
caja(s) - box(es)
calle(s) - street(s)
cámara - camera
cambió - s/he changed
camina - s/he walks
caminaban - they walked
caminando - walking
caminar - to walk
caminaron - they walked
caminó - s/he walked
campamento - camp
campaña - campaign
campeona - champion
campo(s) - camp
camuflarse - to camouflage
cancelado - canceled
canción - song
canciones - songs
candidata - candidate
cantar - to sing
capital - capital
capitana - captain
cara - face
carrera - career
casa(s) - house(s)
casada - married
casando - tired
casar - to marry
casarse - to get married
(se) casó - s/he got married
católica - Catholic
(a) causa de - due to, because of
(había) causado - had caused
celular - cell phone
certificado - certificate

Glosario - Intermediate

chofer - chauffeur, driver
cinco - five
ciudad - city
ciudades - cities
clase(s) - class(es)
club - club
código de barras - barcode
codo(s) - elbow(s)
combate - combat
comentarios - comments
comentó - commented
comenzar - to commence, to start
(que) comenzara - (that) s/he commenced, started
(que) comenzaran - (that) they commenced, started
comenzaron - they commenced, started
comenzó - s/he commenced, started
comer - to eat
comida - food
comienza - s/he commences, starts
comité - committee
como - as, like
cómo - how
competencia(s) - competition(s)
competir - to compete
competiría - s/he would compete
compitiendo - competing
completa - complete, full
completamente - completely
comprar - to buy
comprende - s/he comprehends, understands
comprender - to comprehend, to understand
comprendía - s/he understood
(que) comprendieran - (that) they understood
comprendió - s/he understood
comunicaciones - communications
comunidad - community
con - with
concentración - concentration
(se) concentró - s/he concentrated, focused
condiciones - conditions
confesar - to confess
confiar - to trust

Mujeres extraordinarias

confiesa - s/he confesses
conflicto - conflict
confundida - confused
conocen - they know, they meet
conocía - s/he knew
conocieron - they met
consecuencia(s) - consequence(s)
constantemente - constantly
construcción - construction
(fue) contactada - she was contacted
contagiarse - to become infected
(se) contagió - s/he got infected
contagiosas - contagious, infectious
contenta - content, happy
continúa - s/he continues
continuaba - s/he continued
(si) continuamos - if we continue
continuar - to continue
continuaría - s/he would continue
continuaron - they continued
continuó - s/he continued

contra - against
contrario - contrary
contribuciones - contributions
control - control
controlar - to control
convencer - to convince
convencidos - convinced
(que) convenciera - (that) s/he convinced
convenció - s/he convinced
conversaciones - conversations
(se había) convertido - s/he (had) become
convertirse - to become
(que se) convirtiera - (that) s/he became
(se) convirtió - s/he became
coronel - colonel
corrían - they ran
corridos - type of Mexican song
corriendo - running
corrieron - they ran
cortarse - to cut
cosas - things
costa - coast
costera - coastal
creación - creation

Glosario - Intermediate

crear - to create
crearon - they created
crédito - credit
creencia - belief
creó - s/he created
cristal - crystal; glass
crucial - crucial
crueles - cruel
Cruz Roja - Red Cross
cruzar - to cross
cuando - when
cuándo - when
cuántas - how many
cuatro - four
cuatrocientas - four hundred
cuchara - spoon
cuerda - rope
cuerpo - body
cultura - culture
curaba - s/he cured
curar - to cure
curiosidad - curiosity

D

Damasco - Damascus
darle - to give to him/her
dárselos - to give them to him/her

de - of, from
debajo de - underneath, below
decía - s/he said
decían - they said
decidida(s) - decided, determined
(han) decidido - (they have) decided, determined
decidieron - they decided
decidió - s/he decided
decidir - to decide
decir - to say
decirle - to say to her/him
decisiva - decisive
defenderlos - to defend them
del - of the
democrático - democratic
(había) demostrado - (had) demonstrated
departamento - department
deportadas - deported
(que) deportara - (that) s/he deported
derechos - rights
descontroladamente - in an uncontrolled way
descubrieron - they discovered

desde - from, since
desesperada - desperate
desesperados - desperate
después - after
destino - destiny
destrozados - destroyed, wrecked
destruida(o) - destroyed
detenida - detained
detrás de - behind
día(s) - day(s)
dice - s/he says
dicen - they say
dictador - dictator
dieciocho - eighteen
dieron - they gave
diferencias - differences
diferente(s) - different
difícil - difficult
(que) digan - (that) they said
(se) dijeron - they said (to each other)
dijo - s/he said
dinero - money
(se) dio cuenta de - s/he found out, realized
directamente - directly
discriminados - discriminated
disparar - to shoot
dispararon - they shot
disparos - shots
disuelto - dissolved
doctor(es) - doctor(s)
documental - documentary
documentalista - documentary filmmaker
documentos - documents
dólares - dollars
dolor(es) - pain(s), ache(s)
dominada - dominated
donde - where
dónde - where
dos - two
durante - during

E

económicamente - economically, financially
educaba - s/he educated
educación - education
educada - educated
educar - to educate
el - the
él - he
elecciones - elections
elefantes - elephants
ella - she

Glosario - Intermediate

ellas(os) - they
en - in, on
encontrar - to find
encontrarían - they would find
encontraron - they found
encontró - s/he found
energía - energy
enero - January
(se) enfermaron - they got sick
enfermas(os) - sick
enfermedad(es) - illness, disease
enfermera(s) - nurse(s)
ensayos - essays
entero - entire
enterró - s/he buried
entonces - then
entrada - entrance
entrando - entering
entrar - to enter
(que) entraran - (that) they enter
entraron - they entered
entre - between
entrenador - coach
entró - s/he entered
epidemia(s) - epidemic(s)

equipo(s) - team(s)
era - s/he/I was
eran - they were
error - error, mistake
es - s/he is
esa - that
esas - those
escapando - escaping
escapar - to escape
escaparon - they escaped
escape - escape
esconderse - to hide
(se) escondían - they hid
escribiendo - writing
escribió - s/he wrote
escribir - to write
escrito(s) - written
escritora - writer
escuchaba - s/he listened, heard
escuchar - to listen, to hear
escucharon - they listened, heard
escuchó - s/he listened, heard
escuela - school
ese - that
esenciales - essential
esgrima - fencing

Mujeres extraordinarias

eso - that
esos - those
espacio - space
espada - sword
especial - special
especialmente - specially
esperaron - they waited
espía - spy
esposa - wife
esposos - husband and wife
esta - this
está - s/he is
estaba - s/he was
estaban - they were
Estados Unidos - United States
estadounidense - U.S. citizen
Estambul - Istanbul
están - they are
estar - to be
estaría - s/he would be
estas(os) - these
este - this
estoy - I am
estratega - strategist
estudiando - studying
estudiante(s) - student(s)
estudiar - to study
(que) estudiara - (that) s/he studied
estudió - s/he studied
estudios - studies
estudios universitarios - college classes, college studies
estuvo - s/he was
eucalipto - eucalyptus
Europa - Europe
eventos - events
exactamente - exactly
examinaron - they examined
excelente - excellent
exhausta(s) - exhausted
existe - it exists
existen - they exist
existencia - existence
existían - they existed
(que) existieran - (that) they existed
experiencia - experience
experimentó - experimented
experto(s) - expert(s)
explica - s/he explains
explicarles - to explain to them
explicó - s/he explained
explosivos - explosives

Glosario - Intermediate

extraordinaria - extraordinary
extrema - extreme

F

falsos - false, fake
familia - family
familias - families
famosa(o) - famous
fan - fan
favorita - favorite
favoritos - favorite
febrero - February
felices - happy
feliz - happy
fiebre - fever
final(es) - final
finalmente - finally
financieros - financial
financió - financed
física - physical
físicamente - physically
flotando - floating
forma - form, way
formado - formed
formal - formal
formar - to form
fotográfica - photographic

frente - forehead
fría(o) - cold
frustración - frustration
frustrada - frustrated
frutas - fruits
fue - s/he was, went
fuego - fire
(que) fuera - (that) s/he were
(que) fueran - (that) they were
fueron - they were, went
fuerte - strong
fui - I went
funcionaba - it functioned, it worked
funcionando - functioning, working
fundaron - they founded
furiosa - furious
futuro - future

G

ganadoras - winners
ganando - winning
ganar - to win
ganó - s/he won
general - general
genocidio(s) - genocide(s)
gobierno - government

Mujeres extraordinarias

gracias - thank you
graduación - graduation
graduarse - to graduate
graduó - s/he graduated
gran - great
grave(s) - grave, serious
Grecia - Greece
gritos - screams
grupo(s) - group(s)
guardaron - they kept, put away
guardia - guard
guardó - s/he kept, put away
gueto - ghetto
guiar - to guide
guitarra - guitar
(le) gustaba - it was pleasant (to him/her)
(le) gustaban - they were pleasant (to him/her)
(le) gustó - it was pleasant (to him/her)

H

había(n) - there was, there were
habilidades - abilities
habla - s/he talks
hablaba - s/he was talking
hablaban - they were talking
hablando - talking
hablar - to talk
(que) hablara - (that) s/he talked
(que) hablaran - (that) they talked
hablaron - they talked
(que) hables - that they talk
habló - s/he talked
hacen - they do, make
hacer - to do, to make
hacerlo - to do it, to make it
hacia - towards
hacía - it made
(se) hacía - it became
haciendo - doing, making
(que) hagan - (that) they did, made
hasta - until
hermana(s) - sister(s)
hermanita - little sister
hermano - brother
hermanos - brothers, siblings
heroínas - heroines
hicieron - they made, they did
hija(s) - daughter(s)

Glosario - Intermediate

hijab - hijab
hijo - son
hijos - sons, children
historia - history, story
historiadores - historians
historias - stories
hizo - s/he made
hombre - man
hombres - men
horas - hours
horror - horror
hospital(s) - hospital(s)
hubo - there was, there were
huérfanos - orphans
humanos - humans
hundir - to sink
Hungría - Hungary

I

iba (a) - s/he was going (to)
iban (a) - they were going (to)
idea - idea
ideales - ideals
identidad - identity
identidades - identities
identifico - I identify
identificó - s/he identified

ignorar - to ignore
imaginarse - to imagine
imitar - to imitate
imitó - s/he imitated
impactante - powerful
impactos de bala - bullet impacts
importaba - it was important
importante(s) - important
importar - to matter, to be important
importó - it mattered, it was important
imposible - impossible
impresionante - impressive
incluyendo - including
independiente - independent
indocumentadas - undocumented
infectadas - infected
influencia - influence
información - information
informados - informed
inmediatamente - immediately
inocentes - innocent
insalubre(s) - unsanitary, unhealthy
inspección - inspection

Mujeres extraordinarias

inspirada(s) - inspired
inspirando - inspiring
(que) insultara - (that) s/he insulted
inteligente - intelligent
intención - intention
interceptó - intercepted
interesante - interesting
internacional(es) - international
interrogada - interrogated
interrumpida - interrupted
invadió - invaded
invitarlas - to invite them
invitaron - they invited
invitó - s/he invited
ir - to go
iraní - Iranian
irnos - to go
irse - to go
Italia - Italy
italiano - Italian

J

jalaba - s/he pulled
jalaban - they pulled
jalar - to pull
jarras - jars
judía(s) - Jewish

judíos - Jewish
juegos - games
Juegos Olímpicos - Olympic Games
Juegos Paralímpicos - Paralympic Games
jugaban - they played
jugar - to play
justificación - justification

L

la(s) - the
labor - labor, work
laceraciones - lacerations, cuts
lanzó - s/he threw
le - to him, to her
leer - to read
les - to them
levantarse - to get up
leyenda - legend
Líbano - Lebanon
libro(s) - book(s)
líder(es) - leader(s)
limita - it limits, it borders
limpiando - cleaning
lista - list
(se) llamaba - s/he was named, called

llamada(o) - named, called
llamadas - calls
llamarse - to call
llamó - s/he called
(había) llegado - s/he (had) arrived
llegamos - we arrived
llegar - to arrive
(que) llegara - (that) arrived
llegaron - they arrived
llegó - s/he arrived
llevaba - s/he was taking, s/he was wearing
(habían) llevado - they had taken
(fueron) llevados - they were taken
llevaría - s/he would take
llevarlas - to take them
llevaron - they took
llevó - s/he took
lloraba - s/he was crying
(que) llorara - (that) s/he cried
lloró - s/he cried
lo - it, him
lodo - mud
los - the
lucha - fight

luchando - fighting
lugar(es) - place(s)

M

madre(s) - mother(s)
mal - bad
malo - bad
mamá - mom
manera(s) - way(s)
manos - hands
mañana - tomorrow
marcas - marks
mariposa - butterfly
marzo - March
más - more
masacre - massacre
máscara - mask
materiales - materials
matrimonio(s) - matrimony
mayo - May
mayor(es) - older
mayoría - majority
me - to me
medalla - medal
media(o) - half
médica - medical
medicamentos - medications

Mujeres extraordinarias

medicinas - medicines
médicos - medics
mejor - better
mejorando - improving
mejores - best
meningitis - meningitis
menos - less
mentalmente - mentally
mes(es) - month(s)
meter - to put in, to get in
meterlos - to put them in
meterse - to get in
métete - get in
metía - s/he was getting in
metiendo - getting in
metieron - they got in
metros - meters
mexicana(s) - Mexican(s)
mexicano(s) - Mexican(s)
México - Mexico
mi(s) - my
mí - to me
mía - mine
miedo - fear
miembros - members
mientras - while
migración - migration
miles - thousands

militar(es) - military
millón - million
minutos - minutes
miraban - they were looking
mirando - looking
mirar - to look
mirarían - they would look
misterioso - mysterious
momento - moment
moretones - bruises
moría - s/he was dying
morían - they were dying
morir - to die
motivación - motivation
motor - motor, engine
mucha(o) - a lot
muchacha(s) - girl(s)
muchacho - boy
muchas(os) - many
(que) muera - (that) s/he died
muertas - dead
muerte - death
muerto - dead
mujer - woman
mujeres - women
mundo - world
muriendo - dying

Glosario - Intermediate

(que) muriera - (that) s/he died
murieron - they died
murió - s/he died
música - music
musical - musical
muy - very

N

nacimiento - birth
nació - s/he was born
nacional - national
nacionalidad - nationality
Naciones Unidas - United Nations
nada - nothing
nadaban - they swam
nadadora - swimmer
nadando - swimming
nadar - to swim
nadaron - they swam
nadie - nobody
nado - swimming
narcótico - narcotic
narraba - s/he narrated
natación - swimming
navegar - to navigate
navegarían - they would navigate

nazi(s) - Nazi(s)
necesitaba - s/he needed
necesitaban - they needed
necesitamos - we need
necesitan - they need
necesitas - you need
necesito - I need
negaron - they denied
negó - s/he denied
nerviosa(s) - nervous
nerviosos - nervous
ni - nor
ningún - none, any
niña(s) - girl(s)
niño - boy
niños - boys, kids
no - no, not
noche - night
nombrada - named
nombraría - s/he would name
nombraron - they named
nombre - name
nosotros - we
notar - to notice
notas - notes, grades
novia(s) - girlfriend(s), bride(s)
nueva(s) - new

Mujeres extraordinarias

nuevamente - again
nuevo - new
número - number
nunca - never

O

obedeció - s/he obeyed
objetivo - objective
objetos - objects
obligaban - they obliged, forced
obligó - s/he forced, obliged
observar - to observe
obtener - to obtain, to get
obtenerlo - to obtain it
obtuvieron - they obtained
obtuvo - s/he obtained
obviamente - obviously
obvio - obvious
ocasiones - occasions
octubre - October
ocurriendo - occurring, happening
oficial - official
oficinas - offices
ofrecieron - they offered
ofreció - s/he offered
ojo - eye
olímpica(o) - Olympic
opción - option
opciones - options
operación - operation, surgery
operaciones - operations, surgeries
oportunidad - opportunity
optimista - optimistic
órdenes - orders
orfanatos - orphanages
organización - organization
organizadores - organizers
orígenes - origins
oro - gold
otra(s) - other(s)
otro(s) - other(s)

P

pacientes - patient
padre - father
padres - parents
pagaban - they payed
pagar - to pay
pagarle - to pay him/her
pagarles - to pay them
pagaron - they paid
pagó - s/he paid
país - country
países - countries

pantalones - pants
papá - dad
papás - parents
papel(es) - paper(s)
para - to, for
paralímpica - Paralympic
parte(s) - part(s)
participaban - they participated
participación - participation
participando - participating
participantes - participants
participar - to participate
(que) participara - (that) s/he participated
participaron - they participated
participó - s/he participated
pasaba - s/he passed, s/he spent
pasaban - they passed, they spent
pasado - past
pasando - passing, spending
pasar - to pass, to spend
(que) pasara - (that) s/he passed, spent
pasaron - they passed, they spent
pasaste - you passed, spent

(que) pase - (that) s/he passes, spends
paso - I pass, I spend
pasó - s/he passed, spent
(había) penetrado - (it had) penetrated
pensaba - s/he thought
pensaban - they thought
pensar - to think
(que) pensaran - (that) they thought
pensó - s/he thought
pequeña(o) - small, little
perfectamente - perfectly
perfectas - perfect
permiso - permission
permite - s/he permits
permiten - they permit
permitía - s/he permitted
permitieron - they permitted
permitió - s/he permitted
permitir - to permit
pero - but
persecución - persecution
perseverante - persevering
persona(s) - person(s)
pidió - s/he asked for
piel - skin
piernas - legs

Mujeres extraordinarias

pies - feet
plan - plan
planear - to plan
planeta - planet
plástico - plastic
plata - silver
pobre - poor
pobreza - poverty
poca(o) - little
pocos - few
poder - to be able to
podía - s/he could
podían - they could
podría - s/he could
poemas - poem
polaco - Polish
policía - police
política - politics
Polonia - Poland
poner - to put
ponerse - to put on
ponía - s/he put
por fin - finally, at last
porque - because
posesiones - possessions
posibilidad - possibility
posible - possible
practicaba - s/he practiced

practicando - practicing
practicar - to practice
(que) practicara - (that) s/he practices
practicó - s/he practiced
precarias - precarious, hazardous
preguntaban - they asked
preguntaron - they asked
preguntas - questions
preguntó - s/he asked
Premio Nobel de la Paz - Nobel Peace Prize
preocupados - worried
preparaba - s/he prepared
preparada - prepared
preparando - preparing
preparar - to prepare
preparatoria - high school
preparó - s/he prepared
presente - present
presentó - s/he presented
presidente - president
primer(a) - first
principio - beginning
prisión - prison
prisioneros - prisoners
probable - probable
problema(s) - problem(s)

Glosario - Intermediate

profesor(es) - professor(s)
programa - program
prometo - I promise
pronto - quick
prostéticas - prosthetic
prostético - prosthetic
protectora - protective
prótesis - prosthesis
protestaban - they protested
protestantes - protesters
protestar - to protest
protestas - protests
puaj - ew, gross, yuck
publicar - to publish
públicas - public
publicó - s/he published
público - public
pudiera - s/he could
pudieran - they could
pudieron - they could, they were able to
pudo - s/he could, s/he was able to
(que) puedas - (that) you could
pueden - they can
puedo - I can
(había) puesto - (s/he had) put, (had) placed
pusieron - they put
puso - s/he put

Q

que - that
qué - what
quería - s/he wanted
querían - they wanted
quién - who
quiere - s/he wants
quince - fifteen

R

racismo - racism
rapeó - rapped
rapera - rapper
rápidamente - quickly, rapidly
reacción - reaction
real - real
realidad - reality
realmente - really
rebelde - rebel
recibía - s/he received
recibidas - received
recibió - s/he received
recipiente(s) de cristal - glass container(s)

Mujeres extraordinarias

reconectarse - to reconnect
reconocer - to recognize
recuperar - to recover
reducido - reduced
referirse - to refer
refugiados - refugees
refugio(s) - refuge(s), shelter(s)
región - region
registro - registry
(había) regresado - (s/he had) returned
regresar - to return
(que) regresaran - (that) they returned
regresó - s/he returned
(se) reían - they were laughing
relaciones - relations
religión - religion
(de) repente - suddenly
repetía - s/he repeated
representando - representing
representar - to represent
(que) representara - (that) s/he represented
rescataba - s/he rescued
(había) rescatado - (s/he had) rescued
rescatar - to rescue
rescató - s/he rescued
respetaban - they rescued
respetado - respected
respeto - respect
respetuosas - respectful
respirar - to breathe, to respirate
responder - to answer, to respond
respondieron - they answered, they responded
respondió - s/he responded
respuesta - response
resto - rest
resultado - result
retraerse - to retract
reunirse - to join, to gather
revolución - revolution
revolucionaria(s) - revolutionary
revolucionario(s) - revolutionary
rezar - to pray
rifle - rifle
rival - rival
rodillas - knees
Roma - Rome
ropa - clothes

Glosario - Intermediate

Ruanda - Rwanda
rutas - routes

S

sabe - s/he knows
sabía - s/he knew
sabían - they knew
sacando - taking out, extracting
sacar - to take out, to extract
(que) sacara - (that) s/he took out, extracted
sacarla - to take her out, to extract her
sacarlos - to take them out, to extract them
sacaste - you took out, you extracted
sacó - s/he took out, extracted
salida - exit
(que) salieran - (that) they left
salieron - they left
salir - to leave
salvamento - rescue
salvar - to save
sé - I know
(que) seamos - (that) we were

(que) seas - (that) you were
secreta(o) - secret
secuestrar - to abduct, to kidnap
segregación - segregation
segunda - second
segundos - seconds
semanas - weeks
sentarse - to sit down
sentenciaron - they sentenced
sentía - s/he felt
sentir - to feel
sentirse - to feel
separada(o) - separated
septicemia - septicemia, a blood stream infection; also known as blood poisoning
ser - to be
sería - s/he would be
serios - serious
servía - s/he served
si - if
siempre - always
siendo - being
significaba - it meant
significado - meaning

Mujeres extraordinarias

silencio - silence
silla(s) de ruedas - wheelchair(s)
sin - without
sintió - s/he felt
Siria - Syria
sitio - site, place
situación - situation
sobre - about
sociales - social
sola(s) - alone
soldado - soldier
solidarias - supportive
solo - alone
somos - we are
sorprendida - surprised
sorpresa - surprise
soy - I am
su(s) - his, her
(se) subieron - they got on
subir - to upload
subirlo - to upload it
Sudáfrica - South Africa
suficiente - sufficient, enough
sufren - they suffer
sufría - s/he suffered
sufriendo - suffering
sufrimiento(s) - suffering(s)
sufrió - s/he suffered
superiores - superior
(que) supiera - (that) s/he knows
supo - s/he knew, found out
suspendida - suspended
suspensión - suspension

T

talento - talent
talibán - Taliban
talibanes - members of the Taliban
también - also, too
tan - so
tantos - so many
tardes - evenings
técnica(s) - technique(s)
tedioso - tedious
teléfono - telephone
televisión - television
temas - themes
temperatura - temperature
tenemos - we have
tener - to have
tenía - s/he had
tenían - they have
tenías - you had

Glosario - Intermediate

(habían) tenido - (they had) had
terminar - to finish
(que) terminara - (that) s/he finished
terminó - s/he finished
término - term
terrible(s) - terrible
tiempo - time
tienda - store
tiene - s/he has
tienen - they had
tifus - typhus
tirar - to pull
titulado - titled
título - title
tocar - to touch
toda - all
todas - all, everyone
todavía - still
todo - all
todos - everyone
toma - s/he takes
tomar - to take
tomaron - they took
tomó - s/he took
torturaban - they tortured
trabajaba - s/he worked
trabajaban - they worked
trabajadoras(es) - workers
trabajar - to work
(que) trabajen - (that) they worked
traficante(s) - trafficker(s)
transportaba - s/he transported
transportaban - they transported
transportar - to transport
transportarse - to transport oneself
trasplantes - transplants
tratando - trying
trataron - they tried
tren - train
trenzas - braids
tres - three
tristemente - sadly
tristes - sad
tropa(s) - troop(s)
tu - your
tú - you
tuberculosis - tuberculosis
Turquía - Turkey
tutsi(s) - Tutsi(s)
(que) tuvieran - (that) they had
tuvieron - they had

Mujeres extraordinarias

tuvo - s/he had

U

un - a
una(s) - a
única - unique, only
unida(o) - united
(se) unió - s/he joined
unirse - to join
universidad - university
uno - one
unos - some
usaba - s/he used
usaban - they used
usando - using
usar - to use
usarían - they would use

V

va - s/he goes
valiente(s) - valiant, brave
valores - value
vamos - we go
van - they go
varias(os) - various, several
Varsovia - Warsaw
vas - you go
vehículo(s) - vehicle(s)

veían - they saw
vender - to sell
venderla - to sell her
vendido - sold
Venecia - Venice
(en) venta - (for) sale
ver - to see
verdad - truth
vestida - dressed
vez - time
(otra) vez - (another) time, again
vías - tracks, roads
víctimas - victims
victoria - victory
victorias - victories
vida - life
video - video
viendo - seeing
(que) viera - (that) s/he saw
vieron - they saw
violencia - violence
violenta - violent
viral - viral
visa - visa
visítanos - visit us
visitar - to visit
visitarlas - to visit them

Glosario - Intermediate

visitó - s/he visited
vistas - views
(habían) visto - (they had) seen
vivía - s/he lived
vivían - they lived
vivías - you lived
(habían) vivido - (they had) lived
viviendo - living
vivió - s/he lived
vivir - to live
voluntarios - volunteers
vómito - vomit
votar - to vote
voy - I go
vuelo - flight

Y
ya - already
yo - I

Z
zona - zon

Bibliography

BEATRIZ:

https://www.bebevio.com/#secondome
https://www.mercedes-benz.com/en/lifestyle/me-magazine/uncontested-laureus/
https://www.paralympic.org/beatrice-vio
https://www.segmento.com.au/post/the-incredible-story-of-bebe-vio-the-girl-with-no-arms-and-legs-who-rose-to-sports-stardom
https://www.thelocal.it/20171108/my-motto-is-life-is-too-good-the-italian-paralympic-fencer-fighting-for-vaccine-awareness
https://www.milenio.com/deportes/mas-aficion/bebe-vio-esgrimista-campeona-olimpica-extremidades
https://disabilinews.com/beatrice-vio-fioretto/
https://www.rebelgirls.com (books and podcast)

YUSRA:

https://www.yusra-mardini.com
https://www.rebelgirls.com (books and podcast)
https://www.olympic.org/olympism-in-action/speakers/yusra-mardini
https://hipertextual.com/2016/08/yusra-mardini
https://www.marieclaire.com.mx/noticias/yusra-mardini-nadadora-historia-inspiradora-refugiada/
https://iamamigrant.org/stories/germany/yusra-mardini
https://us.hola.com/es/actualidad/2016080987673/yusra-mardini-nadadora/

Bibliography

SONITA:

https://rfkhumanrights.org/work/teaching-human-rights/lessons/sonita-alizadeh

https://www.rollingstone.com/culture/culture-features/how-afghan-rapper-sonita-alizadehs-song-brides-for-sale-changed-her-fate-198272/

https://www.rebelgirls.com (books and podcast)

https://asiasociety.org/asia-game-changers/sonita-alizadeh

https://www.speaktruthtopowerinschool.com/defenders-map/sonita-alizadeh

http://www.mtv.com/news/2346572/sonita-alizadeh-afghan-teen-rapper/?xrs=_s.fb_up_c.is

https://www.cnn.com/2015/10/11/world/afghanistan-rapper-sonita-alizadeh/index.html

https://www.t13.cl/noticia/tendencias/mujeres-bacanas-sonita-alizadeh-rapera-afgana-matrimonio-forzado

https://www.girlsnotbrides.es/sonita-the-afghan-teen-rapping-to-end-child-marriage/

IRENA:

Mayer, Jack. "Life in a Jar: The Irena Sendler Project." Long Trail Press, Middlebury, VT. 2010.

https://www.jewishvirtuallibrary.org/irena-sendler

http://biografia.co/irena-sendler/

https://www.rebelgirls.com (books and podcast)

http://www.fundacionindex.com/gomeres/?p=1316

https://www.mujeresenlahistoria.com/2014/09/el-angel-de-varsovia-irena-sendler-1910.html

Mujeres extraordinarias

https://www.lavanguardia.com/historiayvida/historia-contemporanea/20171224/47313018571/6-claves-sobre-irena-sendler-y-el-plan-para-sacar-a-ninos-del-gueto-de-varsovia.html
https://www.elplural.com/politica/la-historia-de-una-mujer-que-salvo-la-vida-de-2-500-ninos_128151102
https://irenasendler.org/timeline-irena-sendlers-life-life-jar-project/
https://moirodzice.org.pl/en_elzbieta_ficowska.php
http://www.polish-jewish-heritage.org/eng/life_in_a_jar.htm
https://dzieciholocaustu.org.pl/szab58.php?s=en_myionas_11.php
https://irenasendler.org/the-irena-sendler-family-cast/renata-zajdman-and-elzbieta-ficowska-child-survivors/
https://www.jewishvirtuallibrary.org/the-379-egota
https://www.biography.com/activist/irena-sendler
https://www.jewishvirtuallibrary.org/irena-sendler

PETRA:

https://www.rejectedprincesses.com/princesses/petra-herrera
https://remezcla.com/features/culture/petra-herrera-mexican-revolution-heroine/
https://www.teenvogue.com/story/mexican-revolutionary-petra-herrera-posed-as-a-man-to-fight
https://www.history.com/news/women-mexican-revolution-soldaderas
http://umich.edu/~ac213/student_projects06/joelan/prominent.html
https://stmuhistorymedia.org/the-unrecognized-soldier-of-

the-mexican-revolution-petra-herrera-and-the-adelitas/
24-de-marzo-de-1914-batalla-de-torreon-coahuila
https://masdemx.com/2018/12/mexico-historia-revolucion-mexicana-adelitas-soldaderas-petra-herrera/
https://remezcla.com/features/culture/petra-herrera-mexican-revolution-heroine/
https://mas-mexico.com.mx/petra-herrera-la-soldadera-con-fuerza-y-valentia-de-la-revolucion/
https://www.milenio.com/opinion/editoriales/columna-invitada-jalisco-jalisco/la-batalla-de-torreon-de-1914-cosas-importantes-que-debe-saber
http://www.torreon.gob.mx/archivo/pdf/libros/87%20La%20Batalla%20de%20Torreón.pdf

CLEMANTINE:

https://www.washingtonpost.com/entertainment/books/a-moment-on-oprah-made-her-a-human-rights-symbol-she-wants-to-be-more-than-that/2018/04/18/f394dd0c-3d98-11e8-a7d1-e4efec6389f0_story.html
https://www.womenforwomen.org/about/our-team/clemantine-wamariya
https://www.clemantine.org
https://www.ted.com/speakers/clemantine_wamariya
https://www.vogue.com/article/the-girl-who-smiled-beads-clemantine-wamiriya-interview
https://www.rebelgirls.com (books and podcast)
https://www.nytimes.com/2018/05/07/books/review/clemantine-wamariya-girl-who-smiled-beads.html

TO READ A SIMPLIFIED OR NOVICE VERSION OF THIS BOOK, TURN BOOK OVER AND READ FROM BACK COVER.

More compelling reads to inspire and engage you!

75+ titles to choose from!

ALSO AVAILABLE AS E-LEARNING MODULES.

TO READ AN ENHANCED (INTERMEDIATE) VERSION OF THIS BOOK, TURN BOOK OVER AND READ FROM FRONT COVER.

Mujeres extraordinarias

vivir - to live
vómito - vomit
votar - to vote
voy - I go
voz - voice
vuelo - flight

Y

ya - already
yo - I
zona - zone

Glosario - Novice

unida - united
(se) unieron - they joined, united
(se) unió - s/he joined, united
unir - to join, to unite
unirse - to join
universidad - university
uno - one, a
unos - some
usaba - s/he used
usaban - they used
usando - using
usar - to use
usarían - they would use
usó - s/he used

V

va - s/he goes
valiente(s) - valiant, brave
vamos - we go, are going
van - they go
(en) vano - in vain, useless
varias(os) - various, several
Varsovia - Warsaw
vas - you go
(que) vaya - (that) s/he goes
vehículo(s) - vehicle(s)
vender - to sell
venderla - to sell her
venderte - to sell you
vendido - sold
Venecia - Venice
(en) venta - for sale
ver - to see
vez - time
(otra) vez - (another) time, again
vías - tracks
víctima - victim
victoria(s) - victories
vida - life
video - video
(que) viera - (that) s/he saw
vieron - they saw
violencia - violence
viral - viral
visa - visa
visitaba - s/he visited
visítanos - visit us
visitar - to visit
visitó - s/he visited
vistas - views
vivían - they lived
(había) vivido - (s/he had) lived
viviendo - living
vivieron - they lived

Mujeres extraordinarias

teléfono - telephone
televisión - television
tema(s) - theme(s)
temblaba - s/he was shaking
tendría - s/he would have
tenemos - we have
tener - to have
tenía - s/he had
tenían - they had
terminó - s/he finished, it ended
terrible(s) - terrible
tiempo - time
tienda - store
tifus - typhus
tirar - to throw
tiraron - they threw
titulado - titled
título - title
tocar - to play
toda(o) - all
todas(os) - all, everyone
toma - s/he takes
tomaron - they took
tortura - s/he tortures
torturaron - they tortured
trabajaba - s/he worked
trabajadora - worker

trabajar - to work
(que) trabajen - (that) they work
traficante(s) - trafficker(s)
trágicamente - tragically
transportaba - s/he transported
transportaban - they transported
transportar - to transport
trasplantes - transplants
traumatizante - traumatic
tren - train
tres - three
triste - sad
tristemente - sadly
tropa(s) - troop(s)
tu - your
tuberculosis - tuberculosis
Turquía - Turkey
tutsi - Tutsi
(que) tuvieran - (that) they had
tuvieron - they had
tuvo - s/he had

U

un(a) - a
unas - some

Glosario - Novice

separada - separated
separar - to separate
ser - to be
seria - serious
sería - s/he would be
serios - serious
servía - s/he served
severas - severe
si - if
(había) sido - s/he (had) been
silencio - silence
silla(s) de ruedas - wheelchair(s)
simplemente - simply
sin - without
sintió - s/he felt
Siria - Syria
sirios - Syrian
sistema - system
sitio(s) - site(s), place(s)
situación - situation
sobre - about
social(es) - social(s)
sola(s) - alone
soldado(s) - soldier(s)
solo - alone, only
sorprendida - surprised
(se) sorprendieron - they were surprised
(se) sorprendió - s/he was surprised
sorpresa - surprise
soy - I am
su(s) - his, her
(se) subieron - they got on, got in
Sudáfrica - South Africa
suficiente - enough, sufficient
sufren - they suffer
sufrían - they suffered
sufriendo - suffering
sufrieron - they suffered
sufrimiento - suffering
sufrió - s/he suffered
sufrir - to suffer
súper - super
superiores - superior
suspendida - suspended

T

talento(s) - talent(s)
talibán - Taliban
talibanes - Taliban
también - also
técnica(s) - technique(s)

Mujeres extraordinarias

respetaban - s/he represented
respetado - respected
respeto - respect
respondió - s/he responded
resto - rest
resultado - result
resultaron - they resulted
resultó - it resulted
(se) reunieron - they reunited
reunión - reunion
revelar - to reveal
reveló - she revealed
revolución - revolution
revolucionaria(o) - revolutionary
revolucionarias(os) - revolutionaries
rezar - to pray
rifle - rifle
ríos - river
rival - rival
rol - role
Roma - Rome
ropa - clothes
rutas - route

S

sabe - s/he knows
sabía - s/he knew
sabían - they knew
sacando - taking out
sacar - to take out
sacó - s/he took out
salían - they left
(haber) salido - (had) left
(que) saliera - (that) s/he left
(que) salieran - (that) they left
salieron - they left
salió - s/he left
salir - to leave
salvamento - salvage, rescue
salvar - to save
salvarla - to save her
satisfecha - satisfied
sé - I know
(que) sea - (that) s/he were
(que) seas - (that) you were
secreta(o) - secret
segregación - segregation
segundos - seconds
semanas - weeks
sentenciaron - they sentenced

Glosario - Novice

puedo - I can, am able

Q

que - that
qué - what
quería - s/he wanted
querían - they wanted
quiere - s/he wants
quieren - they want
quiero - I want

R

racismo - racism
rapeó - s/he rapped
rapera - rapper
rápidamente - rapidly
razas - races
reacción - reaction
reaccionar - to react
reaccionaron - the reacted
realidad - reality
realmente - really
recibía - s/he received
recibieron - they received
recibió - s/he received
recomendaron - they recommended
reconectarse - to reconnect with each other

reconocer - to recognize
reconocerla - to recognize her
reconocida - recognized
reconocieron - they recognized
recuperando - recovering
(se) recuperó - s/he recovered
refugiado(s) - refugee(s)
refugio - refuge, shelter
registro(s) - register(s)
regresar - to return, to go back
(que) regresara - (that) s/he returned
(que) regresaran - (that) they returned
regresó - s/he returned
relaciones - relations
religión - religion
reparar - to repair
repitió - s/he repeated
representando - representing
representar - to represent
reputación - reputation
requeriría - it would require
residentes - residents
resistió - s/he resisted

Mujeres extraordinarias

posesiones - possessions
posible - possible
practicaba - s/he practiced
practicando - practicing
practicar - to practice
(que) practicara - (that) s/he practiced
practicó - s/he practiced
precisión - precision
prefería - s/he preferred
pregunta - question, s/he asks
preguntaron - they asked
preguntas - questions
preguntó - s/he asked
Premio Nobel de la Paz - Nobel Peace Prize
preparada - prepared
preparando - preparing
preparar - to prepare
prepararan - they prepared
preparatoria - high school
preparó - s/he prepared
presente - present
(se) presentó - s/he introduced her/himself, showed up
presidente - president
primer(a) - first

prisión - prison
prisioneros - prisoners
privado - private
probable - probable
problema(s) - problem(s)
producir - to produce
profesores - professors
programa - program
prometo - I promise
pronto - soon
prostéticas - prosthetic
protectora - protective
protegiendo - protecting
prótesis - prosthesis
protestantes - protesters
protestar - to protest
protestas - protests
puaj - ew, yuck, gross
publica - s/he publishes
publicar - to publish
publicó - s/he published
público - public
(que) pudieran - (that) s/he put
pudo - s/he could, was able
(que) puedas - (that) you could, were able
puede - s/he can, is able
pueden - they can, are able

Glosario - Novice

pasado - past
pasando - passing, spending
pasar - to pass, to spend
(que) pasaran - (that) they passed; spent
pasaron - they passed; they spent
(que) pase - (that) s/he passed, spent
pasó - s/he passed, spent
penetró - s/he penetrated, got into
pensaba - s/he thought
pensaban - they thought
pensar - to think
pensaron - they thought
pensó - s/he thought
pequeña(o) - small
perfectas - perfect
permiso - permission
permiten - they permit
permitía - s/he permitted
permitían - they permitted
permitieron - they permitted
pero - but
persecución - persecution
persona(s) - person(s)
piel - skin
piernas - legs
pies - feet
pistolas - pistols, guns
plan(es) - plan(s)
planear - to plan
planeta - planet
plástico - plastic
plata - silver
población - population
pobre - poor
pobreza - poverty
pocas(os) - few
poco - a litte
podemos - we can, are able
poder - to be able
podía - s/he could, was able
podían - they could, were able
podría - s/he would be able to
poemas - poems
polaco - Polish
policía - police
política - political
políticas - policies
políticos - politicians
Polonia - Poland
por - for
por eso - therefore
porque - because

Mujeres extraordinarias

olímpica(o) - Olympic
opción - option
opciones - options
operaciones - operations
oportunidad - opportunity
opresión - oppression
ordenaban - they ordered
ordenaron - they ordered
órdenes - orders
ordenó - s/he ordered
orfanatos - orphanages
organización - organization
organizadores - organizers
orígenes - origins
original - original
oro - gold
otra(s) - other(s)
otro(s) - other(s)

P

pacientes - patients
padre - father
padres - parents
(habían) pagado - (s/he had) paid
pagándole - paying to him/her
pagar - to pay
pagarle - to pay to him/her
pagarles - to pay to them
pagaron - they paid
pagó - s/he paid
países - countries
palo - stick
pan - bread
pánico - panic
pantalones - pants
papá - dad
papás - parents
papeles - little papers
para - to, for
paralímpica - Paralympic
parte(s) - part(s)
participaban - they participated
participación - participation
participando - participating
participantes - participants
participar - to participate
(que) participara - (that) s/he participated
(que) participaran - (that) they participated
participaron - they participated
participó - s/he participated
pasaba - s/he passed, spent
pasaban - they passed, spent

Glosario - Novice

narraba - s/he narrated
natación - swimming
navegar - to navigate
nazis - nazis
necesita - he needs
necesitaba - s/he needed
necesitaban - they needed
necesitamos - we need
necesitan - they need
necesitas - you need
necesito - I need
nerviosa(s) - nervous
nerviosos - nervous
ni - nor
niña(s) - girl(s)
niño - boy
niños - boys, children
no - no, not
noche - night
normal - normal
normalmente - normally
nos - us, to us
nosotros - we
notaban - they noticed
notaron - they noticed
notó - s/he noticed
novias - brides
nueva(o) - new
nuevas - new
número - number

O

obedecer - to obey
obedeció - s/he obeyed
objetos - objects
obligaron - they forced, obliged
observaban - they observed, they watched
observando - observing, watching
observaron - they observed, watched
observó - s/he observed, watched
obtener - to obtain, to get
obtuvo - s/he obtained, got
obvio - obvious
ocasiones - occasions
octubre - October
ocurriendo - occurring, happening
ocurrió - occurred, happened
oficinas - offices
ofrecerle - to offer to him/her
ofreció - s/he offered

Mujeres extraordinarias

(se) metió - s/he got in
metros - meters
mexicana - Mexican
mexicano(s) - Mexican(s)
mi(s) - my
mí - to me
miedo - fear
miembros - members
migración - migration
migrantes - migrants
migrar - to migrate
mil - one thousand
miles - thousands
militar - military, soldier
militares - soldiers
minuto(s) - minute(s)
misión - mision
misteriosa(o) - mysterious
momento - moment
morían - they died
morir - to die
mortal - mortal
motivo - motive, reason
motor - motor, engine
mucha(o) - a lot
muchacha(s) - girl(s)
muchas(os) - many
muerte - death

muertos - dead
mujer - woman
mujeres - women
muriendo - dying
(que) muriera - (that) s/he died
murieron - they died
murió - s/he died
música - music
musical - musical
muy - very

N

nacimiento - birth
nació - was born
nación - nation
nacional - national
nacionalidad - nationality
naciones - nations
nadaban - s/he swam
nadadora - swimmer
nadadores - swimmers
nadando - swimming
nadar - to swim
nadaron - they swam
nadie - nobody
nado - I swim
narcótico - narcotic

Glosario - Novice

llamar - to call
llamo - I call
llamó - we called
llegamos - we arrived
llegar - to arrive
(que) llegara - (that) we arrive
llegaron - they arrived
llegó - s/he arrived
llevados - taken
(que) llevara - (that) s/he took
llevaría - s/he would take
llevarlos - to take you
llevaron - they took
llevó - s/he took
lloraba - s/he cried
(que) llorara - (that) s/he cried
lo - it, him
lodo - mud
los - the, them
luchando - fighting
lugar(es) - place(s)

M

madre(s) - mother(s)
mamá - mom
maneras - ways
manipular - to manipulate
manos - hands
marcas - marks
mariposa - butterfly
marzo - March
más - more
masacre - massacre
máscara - mask
materiales - materials
matrimonio - matrimony
mayo - May
mayores - older
mayoría - majority
de - to me
medalla - medal
médica - medical
medicinas - medicine
meningitis - meningitis
mes(es) - month(s)
meterse - to get in
métete - get in
(se) metían - they got in
metiéndose - getting in
(que se) metiera - (that) s/he got in
metieron - they put inside
(se) metieron - they got in
metió - she put inside

Mujeres extraordinarias

instante - instant, moment
instructor - instructor
insultos - insults
inteligentes - intelligent
intención - intention
interceptó - s/he intercepted
internacional(es) - international
interrogaron - they interrogated
interrumpió - s/he interrupted
invadió - s/he invaded
investigó - s/he investigated
invitada - invited
invitarlas - to invite them
invitación - invitation
invitó - s/he invited
ir - to go
iraní - Iranian
irnos - we go, we leave
irse - to go, to leave
Italia - Italy
italiano - Italian

J

jalaban - they pulled
jalar - to pull
jarras - jar
judía - Jewish
judíos - Jewish
Juegos Olímpicos - Olympic Games
Juegos Paralímpicos - Paralympic Games
justificación - justification
justo - just, fair

L

la(s) - the
labor - labor, work
laceraciones - lacerations, cuts
le - to him/her
leer - to read
leían - they read
les - to them
levantarse - to get up
leyenda - legend
Líbano - Lebanon
libro(s) - book(s)
líder(es) - leader(s)
limita - limits
limpiando - cleaning
lista - list
llamaba - s/he called
llamada - call
llamado - called

Glosario - Novice

hizo - s/he did, made
hombre - man
hombres - men
homicidio - homicide
horas - hours
horribles - horrible
horror(es) - horror(s)
horrorosas - horrible
hospital - hospital
huérfanos - orphans
humanos - humans
Hungría - Hungary

I

iba (a) - s/he was going (to)
iban (a) - they were going (to)
idea - idea
ideales - ideals
identidad - identity
identidades - identities
(se) identificaba - s/he identified (her/himself)
(me) identifico - I identify (myself)
ideología - ideology
ignorar - to ignore
ignoró - s/he ignored
impaciente - impatient

impactante - impactful
importancia - importance
importante(s) - important
importar - to care about, to matter
importó - it was important, it mattered
imposible - impossible
impresionados - impressed
impresionante - impressing
incluyendo - including
inconsolable - inconsolable
increíblemente - incredibly
independiente - independent
indocumentadas - undocumented
infección - infection
información - information
informaron - they informed
informó - s/he informed
iniciar - to initiate, to start
inició - s/he initiated
inmediatamente - immediately
inocentes - innocent
inspección - inspection
inspeccionaban - they inspected
inspirada(s) - inspired

Mujeres extraordinarias

grave - serious, grave
gravedad - gravity, seriousness
Grecia - Greece
gritos - screams
grupo(s) - group(s)
guardaba - s/he was keeping, was saving
guardaron - they kept, they saved
guardia - guard
guardó - s/he kept, saved
gueto - ghetto
guitarra - guitar
(le) gustaba - he liked it, it was pleasing to him/her
(le) gustaban - s/he liked them, they were pleasing to him/her
(le) gustó - s/he liked it, it pleased him/her

H

haber salido - having left
había - there was, there were
habíamos (vivido) - we had (lived)
habla - s/he talks
hablaba - s/he talked
hablaban - they talked
hablando - talking
hablar - to talk
(que) hablara - (that) s/he talked
(que) hablaran - (that) they talked
hablaron - they talked
(que) hables - (that) you talk
hacia - towards
hambre - hunger
han (sido) - they had (been)
hay - there is, there are
hermana(s) - sister(s)
hermanita - little sister
hermano - brother
hermanos - brothers, siblings
heroína(s) - heroine(s)
hicieron - they did, they made
hija(s) - daughter(s)
hijab - hijab
hijo - son
hijos - sons, children
hipotermia - hypothermia
historia - story, history
historiadores - historians
historias - stories

Glosario - Novice

febrero - February
felices - happy
feliz - happy
felizmente - happily
fiebre - fever
filmar - to film
fin - end
final - end, final
(a) finales - at the end
finalmente - finally
financiera - financial
financieros - financial
financió - financed
firme - firm, sturdy
flotando - floating
formado - formed
formal - formal
formó - s/he formed
forzadas - forced
forzarla - to force her
forzaron - they forced
fotográfica - photographic
frecuentemente - frequently
fría(o) - cold
frustración - frustration
frustrante - frustrating
frustrada - frustrated
fruta - fruit

fue - s/he was, s/he went
(que) fuera - (that) s/he were
(que) fueran - (that) they were
fueron - they went; they were
(se) fueron - they left, went away
funcionaba - it functioned, it worked
funcionando - functioning, working
furiosa - furious
futuro - future

G

ganaba - s/he was winning
ganadoras - winners
ganando - winning
ganar - to win
ganó - s/he won
garantizar - to guarantee
general - general
genocidio(s) - genocide(s)
gobierno - government
graduarse - to graduate
(se) graduó - s/he graduated
gran - great, large, long
grande(s) - great, large

Mujeres extraordinarias

están - they are
estar - to be
estas(os) - these
este - this
estoy - I am
estrategias - strategies
estresadas - stressed
estudiando - studying
estudiante(s) - student(s)
estudiar - to study
(que) estudiara - (that) s/he studied
estudió - s/he studied
estudios - studies
estudios universitarios - college studies
etnicidad - ethnicity
eucalipto - eucalyptus
Europa - Europe
evaporaban - they evaporated
evento - event
exactamente - exactly
examinaron - they examined
excelente - excellent
excepcional - exceptional
exclamó - she exclaimed
exhausta(s) - exhausted
exhaustos - exhausted
existen - they exist
existencia - existence
experiencia(s) - experiences
experimentar - to experiment
experimentó - experimented
experto(s) - expert(s)
explica - s/he explains
explicarles - to explain to them
explicó - he explained
explosivos - explosives
explotaban - they exploited
explotó - it exploited
extrema - extreme

F

familia - family
familiar - family
familiares - family members
familias - families
famosa - famous
famosos - famous
fan - fan
fascinada - fascinated
fatigadas - fatigued
favorita - favorite
favoritos - favorite

Glosario - Novice

entrar - to enter
(que) entraran - (that) they entered
entraron - they entered
epidemia(s) - epidemy
equipo(s) - team(s)
era - s/he was
eran - they were
es - s/he is
esa - that
escapando - escaping
escapar - to escape
(que) escaparan - (that) they escaped
escaparon - they escaped
escape - escape
esconder - to hide
esconderse - to hide oneself
escondió - she hid
escribiendo - writing
escribieron - they wrote
escribió - s/he wrote
escribir - to write
escritora - writer
escuchaba - s/he listened, heard
(habían) escuchado - they (had) heard
escuchar - to listen, to hear
escuchó - s/he listened, s/he heard
escuela - school
ese - that
esgrima - fencing
esgrimista - fencer
eslogan - slogan
eso - that
esos - those
espacio - space
espada - sword
especial(es) - special
especialmente - specially
específicamente - specifically
espectadores - spectators
espía - spy
esposa - wife
esposas - wives
esposos - husband and wife
esta - this
está - s/he is
estaba - s/he was
estaban - they were
estableció - s/he established
Estados Unidos - United States
estadounidense - US citizen
Estambul - Istanbul

Mujeres extraordinarias

dinero - money
dio - s/he gave
directamente - directly
directores - administrators
discriminados - discriminated
disparar - to shoot
dispararon - they shot
distancia - distance
disuadir - dissuade
doctor(es) - doctor(s)
documental - documentary
documentalista - documentary filmmaker
documentos - documents
dólares - dollars
dolor(es) - pain(s), ache(s)
dominada - dominated
donde - where
dónde - where
dormidas - asleep
dos - two
durante - during

E

económicamente - economically, financially
educación - education
educar - to educate
efectos - effects
ejecución - execution
ejecutados - executed
el - the
él - he
elecciones - elections
eliminaron - they eliminated
ella - she
ellas(os) - they
en - in, on
encontraban - they found
encontrar - to find
encontrarla - to find her
encontraron - they found
encontró - s/he found
energía - energy
enero - January
enferma(s) - sick
(que se) enfermaran - (that) they got sick
(se) enfermaron - they got sick
enfermarse - to get sick
enfermedad(es) - illnesses, diseases
enfermera - nurse
enfermos - sick
ensayo(s) - essay(s)
entraba - s/he was entering

Glosario - Novice

darles - to give them
de - of, from
decía - s/he said
decían - they said
decidida - determined
(había) decidido - (s/he had) decided
decidieron - they decided
decidió - s/he decided
decidir - to decide
decisiva - decisive
dedicaban - they dedicated
dedicada - dedicated
dedicar - to dedicate
dedicó - s/he dedicated
defenderlos - to defend them
definitivamente - definitively
del - of the
democracia - democracy
departamento - department
dependientes - dependent
deportadas - deported
deportar - to deport
(que) deportara - (that) s/he deported
derechos - rights

(habían) desaparecido - (they had) disappeared
descontroladamente - in an uncontrolled way
describen - they describe
descubrieron - they discovered
desilusión - disillusionment, disappointment
después - after, later
destino - destiny
destrucción - destruction
destruida - destroyed
destruyó - s/he destroyed
determinada - determined
determinaron - they determined
devastada - devastated
día(s) - day(s)
dice - s/he says
dictador - dictator
dictadura - dictatorship
dieciocho - eighteen
dieron - they gave
diferencias - differences
diferente(s) - different
difícil - difficult
(se) dijeron - they said (to each other)
dijo - s/he said

Mujeres extraordinarias

contentos - content, happy
continúa - s/he continues
continuaba - s/he continued
continuar - to continue
continuaron - they continued
continuó - s/he continued
contribuciones - contributions
control - control
controlar - to control
convencerla - to convince her
convencidos - convinced
(que) convenciera - (that) s/he convinced
convenció - s/he convinced
conversaciones - conversations
convertirse - to convert, to turn into
(que se) convirtiera - (that) s/he would turn into
(se) convirtió - s/he turned into
coraje - courage
coronel - colonel
(que) corran - (that) they ran
correctamente - correctly
corriendo - running

corrieron - they ran
cortó - s/he cut
costa - coast
costera - coastal
crédito - credit
crucial - crucial
crueles - cruel
Cruz Roja - Red Cross
cruzar - to cross
cuádruple - quadruple
cuando - when
cuándo - when
cuatro - four
cuatrocientas - four hundred
cuchara - spoon
cuerpo - body
cuerpos - bodies
cuestionar - to question
cultura - culture
curar - to cure
(que) curaran - (that) they cured
curiosidad - curiosity

D

Damasco - Damascus
dar - to give
darle - to give to him/her

Glosario - Novice

clase(s) - class(es)
club - club
codo - elbow
comandar - to command
combatir - to combat
comentarios - comments
comentó - commented
comenzar - to commence, to start
(que) comenzaran - (that) they commenced, started
comenzaron - they started
comenzó - s/he started
comer - to eat
comida - food
comité - committee
como - like, as
cómo - how
compasivo - compassionate, sympathetic
competencia(s) - competition(s)
competir - to compete
compitió - s/he competed
completa - complete
completamente - completely
(que) comprendan - (that) they understood

comprende - s/he understands
comprender - to understand
comprendieron - they understood
comunicaba - s/he communicated
comunicaciones - communications
comunidad - community
con - with
concentración - concentration
(se) concentró - s/he concentrated, focused
condiciones - conditions
conflicto - conflict
confundida - confused
consecuencia(s) - consequence(s)
consideraban - they considered
construcción - construction
consultar - to consult
consultó - s/he consulted
contactada - connected
contagiarse - to get infected
contagió - s/he got infected
contagiosa - contagious
contenta - content, happy

55

Mujeres extraordinarias

B

bacteriana - bacterial
bar - bar
batalla(s) - battle(s)
bebé - baby
bebés - babies
beca - scholarship
bien - well
biológicas - biological
bomba(s) - bomb(s)
bombardeos - bombers
bote - boat
brazo(s) - arm(s)
brillante - bright
buena(o) - good
buscar - to look for, to search

C

cabello - hair
cabeza - head
caja - box
cámara - camera
caminaban - they walked
caminando - waling
caminar - to walk
caminaron - they walked
caminó - s/he walked
campamento - camp
campaña - campaign
campeona - champion
campo(s) - camp(s)
camuflaje - camouflage
camuflarse - to camouflage oneself
canción - song
canciones - songs
candidata - candidate
cantar - to sing
capital - capital
capitana - captain
capturar - to capture
(que) capturaran - (that) they capture
capturó - s/he captured
carrera - career
casa(s) - house(s)
católica - catholic
causa - cause
causaba - s/he caused
causaban - they caused
celda - cell
celebró - s/he celebrated
celular - cell phone
certificado - certificate
chofer - chauffeur, driver
ciclo - cycle

Glosario - Novice

alemanes - Germans
Alemania - Germany
ambulancias - ambulances
amiga - friend
amputada - amputated
amputados - amputated
amputar - to amputate
amputaron - they amputated
animales - animals
año(s) - year(s)
apareció - s/he appeared
apartamento - apartment
aprender - to learn
aprendieron - they learned
aprendió - s/he learned
aproximadamente - approximately
árboles - trees
área - area
armas - weapons
(había) arreglado - (s/he had) fixed
arrestada(s) - arrested
(que) arrestara - (that) s/he arrested
artistas - artists
asesinados - assassinated, murdered
asesinando - murdering, killing
así - so, thus
así que - so
asociación - association
atacando - attacking
atacar - to attack
atacó - s/he attacked
ataques - attacks
atención - attention
atleta(s) - athlete(s)
atlética - athletic
atrocidades - atrocities
audición - audition
audicionar - to audition
aventurero - adventurer
ayuda - help
ayudaba - s/he was helping
(habían) ayudado - (they had) helped
ayudando - helping
ayudar - to help

(que) ayudara - (that) s/he helped
ayudaría - s/he would help
ayudarían - they would help
ayudarla - to help her
ayudó - s/he helped

53

Glosario

A

a - to
abandonar - to abandon
abandonaron - they abandoned
abril - April
abruptamente - abruptly
abuela - grandmother
abusadas - abused
(que) abusara - (that) s/he abused
acceso - access
accidentalmente - accidentally
accidente - accident
acciones - actions
aceptaban - they accepted
aceptada - accepted
aceptar - to accept
(que) aceptaran - (that) they accepted
aceptaron - they accepted
aceptó - s/he accepted
acostumbrando - getting used to
acostumbraron - they got used to
actividad - activity
activista(s) - activist(s)
actuar - to act
administración - administration
admiraban - they admired
adolescentes - adolescents, teenagers
adoptivas - adoptive
adulto(s) - adult(s)
aeropuerto - airport
afectadas - affected
afectó - s/he was affected
afgana(s) - Afghan(s)
Afganistán - Afghanistan
afgano(s) - Afghan(s)
afortunadamente - fortunately
África - Africa
agentes - agents
agresivamente - aggressively
agua - water
ahora - now
al - to the
alarmada - alarmed
alarmados - alarmed
alcohol - alcohol

Clemantine quiere educar a las personas sobre las consecuencias de los genocidios y también quiere combatir el racismo. Para ella es importante que todos comprendan los efectos del racismo y las consecuencias de considerar inferiores a personas de otras nacionalidades.

Clemantine se graduó de la preparatoria y estudió en la Universidad de Yale. En el 2018, publicó un libro llamado *The Girl Who Smiled Beads*. Ella continúa luchando por los derechos[14] de los refugiados y de las personas que sufren segregación, racismo y persecución política.

---

[14]*luchando por los derechos - fighting for the rights*

Mujeres extraordinarias

El ensayo y la historia de las hermanas Wamariya afectó mucho a Oprah Winfrey. Cuando Oprah escuchó la historia de Clemantine y de su hermana Claire, decidió invitarlas a su programa de televisión. Quería que las hermanas hablaran en la televisión nacional sobre su escape de Ruanda. Clemantine y Claire aceptaron la invitación de Oprah.

El día del programa, las hermanas Wamariya recibieron la sorpresa más grande de su vida: ¡La familia de las hermanas también estaba en el programa! Era una increíble reunión. Después de 12 años viviendo solas en varios campos de refugiados y ahora en Estados Unidos, por fin, Clemantine y Claire se reunieron con sus padres.

Después del programa, Clemantine se reunió con su familia en privado. Todos estaban felices, pero nadie quería hablar de lo que habían vivido en Ruanda. No hablaban del pasado, solo vivían el presente. Clemantine no quería ignorar el pasado. «Ignorar lo que hemos vivido no nos va a ayudar ni va a ayudar a otras personas», se dijo Clemantine. Clemantine decidió continuar hablando sobre los horrores del genocidio de Ruanda y también sobre los problemas y el sufrimiento de los refugiados. ¡Quería educar a todas las personas del planeta!

Clemantine Wamariya

tenía 12 años, ella y su familia –Claire, Rob y sus dos hijos– se fueron a Chicago. En Chicago, iban a vivir con un hombre y con su esposa. Clemantine no sabía qué pensar: «¿Sería buena idea vivir con ellos?».

Al poco tiempo, Clemantine comenzó a ir a la escuela. Era la primera vez que ella recibía una educación formal. A Clemantine le gustaba ir a la escuela, pero su experiencia como estudiante no fue muy buena. En varias ocasiones tuvo que escuchar comentarios ignorantes.

Ni los estudiantes ni los profesores comprendían la gravedad de las experiencias de Clemantine. Era traumatizante escuchar a sus profesores hablar de «genocidios». Era obvio que ellos no tenían ni idea de las atrocidades que sufrían los refugiados. Clemantine decidió que necesitaba educar a las personas sobre esos temas.

En el 2006, Clemantine participó en una competencia nacional de ensayos[13]. Estudiantes de todas partes de Estados Unidos escribieron ensayos de varios temas. Clemantine escribió sobre su vida, su familia separada, su escape del genocidio y sus experiencias en los campos de refugiados. Y, ¡Clemantine Wamariya fue una de las 50 ganadoras!

[13] *ensayos - essays*

Mujeres extraordinarias

Claire se hicieron más que «amigos» y, en poco tiempo, se celebró su matrimonio. Meses después, ellos tuvieron un hijo. Y, a los pocos meses, Clemantine, Claire, Rob, su bebé y otras 46 personas, decidieron buscar un nuevo refugio en Tanzania.

El grupo comenzó a navegar en un bote hacia su destino. Pero, en un instante, el agua comenzó a entrar al bote. Las personas comenzaron a tirar[11] sus posesiones al agua. Todos tenían miedo. No querían morir. El agua fría entraba rápidamente. Clemantine comenzó a rezar[12]: «Si llegamos a la costa, prometo ser la niña más buena del planeta». Finalmente, el grupo llegó a la costa.

En la costa de Tanzania, unos agentes de migración encontraron al grupo y lo llevaron a un campo de refugiados. Después de poco tiempo, Clemantine, Claire y su familia decidieron salir de Tanzania. Se fueron a Malawi, después a Mozambique y, finalmente, a Sudáfrica. De los 6 a los 12 años, Clemantine había vivido en 6 naciones diferentes, pasando de un refugio a otro. En el campo de Sudáfrica, Claire encontró un programa para refugiados. Si los aceptaban en el programa, iban a poder vivir en Estados Unidos. Finalmente, cuando Clemantine

[11] *tirar - to throw*
[12] *rezar - to pray*

día y por fin, llegaron al campo de refugiados. Cuando llegaron, recibieron una tienda de campaña[10], agua y un poco de comida.

Al ver la situación en el campo, las hermanas se sorprendieron. Las condiciones eran terribles. No había suficiente comida ni medicinas. Había miles (1000s) y miles de personas en el campo, y eso causaba que muchas personas se enfermaran. Como resultado, muchas personas morían. Había muchos muertos y, por eso, la muerte se hizo una parte normal del día. Los refugiados se acostumbraron a la muerte.

La vida en el campo de refugiados era muy difícil y Claire decidió irse del campo para buscar otro. Las hermanas caminaron a otro campo de refugiados y... ¡qué desilusión! Las condiciones en el nuevo campo también eran terribles. Así, comenzó un ciclo: ir constantemente de un campo de refugiados a otro. En varias ocasiones, los directores les ordenaban a unos refugiados que se fueran de los campos. Por eso, justo en el momento en que Claire y Clementine se estaban acostumbrando a un campo, se tenían que ir. En uno de los campos, Claire se hizo amiga de otro refugiado que se llamaba Rob. Rob y

[10]*tienda de campaña - tent*

Mujeres extraordinarias

miedo a los humanos que a los animales. Las hermanas escuchaban gritos[6] terribles en varios sitios. Las niñas tenían miedo y, por eso, decidieron caminar de noche y esconderse[7] de día. No pasaban mucho tiempo en un solo sitio porque tenían mucho miedo.

Un día, encontraron a un hombre que les dijo que las ayudaría a llegar al río Akanyaru, que limita con Burundi. Las niñas decidieron irse con ese hombre. Cuando llegaron al río, vieron que había muchas personas flotando en el agua. Clemantine era muy pequeña para comprender la muerte y el homicidio, así que pensó que las personas estaban dormidas[8]. Después de cruzar[9] el río, las niñas continuaron caminando. Caminaron por días... sin hablar.

Después de varios días, Clemantine y Claire vieron un vehículo de la Cruz Roja. El vehículo iba a un campo de refugiados. Había muchas personas en el vehículo; la mayoría eran mujeres y niños. No había espacio para Clemantine y Claire, así que las dos hermanas y muchas otras personas tuvieron que caminar. Caminaron todo el

[6]gritos - shouts
[7]esconderse - to hide
[8]dormidas - asleep
[9]después de cruzar - after crossing

Clemantine Wamariya

– ¿Cuándo van a llegar mis padres y Pudi?

– Pronto –le respondió su abuela con voz triste.

Unos días después, una persona misteriosa llegó a la casa de la abuela de Clemantine. La abuela tenía miedo y les dijo a los niños:

– ¡Corran! Necesitan escapar… ¡YA!

¡Todos salieron corriendo! Claire tomó a Clemantine por el brazo y las dos corrieron. Vieron que muchas otras personas también estaban escapando. La mayoría eran niños y adolescentes. Muchos de ellos necesitaban ayuda médica. ¡Clemantine tenía miedo!

Claire y Clemantine continuaron corriendo por muchas horas. Claire –que solo tenía 15 años– inventó un camuflaje[2]. Usó lodo y eucalipto[3] para camuflarse[4]. Las dos hermanas tenían lodo y eucalipto por todo el cuerpo[5]. Claire no quería que nadie las viera, así que decidió que no iban a usar las rutas que usaban las personas; usarían las rutas de los animales. Claire les tenía más

[2]*camuflaje - camouflage*
[3]*lodo y eucalipto - mud and eucalyptus*
[4]*camuflarse - to camouflage herself*
[5]*por todo el cuerpo - all over her body*

Mujeres extraordinarias

el hombre fue a otras casas. Otros niños también se subieron al vehículo. Clemantine estaba confundida. «¿Por qué esos niños también van a ir a la casa de la abuela?», se preguntó la niña. Nadie hablaba y, después de unos minutos, Clemantine le preguntó a su hermana:

– Claire, ¿estos niños van a ir a la casa de la abuela?

– ¡Shhhh! –le respondió su hermana con voz firme–. ¡No hables!

Después de pasar varias horas en el vehículo, Clemantine y Claire llegaron a la casa de su abuela. Los otros niños se fueron con el hombre. Cuando las niñas entraron a la casa, vieron a otros miembros de su familia. ¡Clemantine estaba feliz! A ella le gustaba mucho pasar tiempo con ellos.

Los días pasaron y Clemantine estaba confundida. La actitud de sus familiares era muy diferente. «¿Por qué están muy serios? ¿Y por qué están tristes?», ella se preguntó. Clemantine estaba triste. No comprendía por qué nadie quería pasar tiempo con ella. Quería ver a sus padres y a su hermano. Después de unos días, le preguntó a su abuela:

En 1994, cuando Clemantine tenía 6 años y su hermana Claire tenía 15, Clemantine notó que la vida en Kigali era diferente... Notó que su familia ya no estaba feliz. Clemantine era pequeña, pero notó que muchas personas habían desaparecido. Notó que ya no vivían en Kigali. Su familia y su comunidad eran muy diferentes. Sus padres y otros adultos hablaban en secreto. Los adultos ya no pasaban mucho tiempo con los niños. Todos estaban serios. Todos tenían miedo. La pequeña Clemantine no tenía ni idea de las atrocidades que estaban ocurriendo en su comunidad. ¡No sabía que el gobierno[1] de Ruanda estaba asesinando a los tutsi!

Los padres de Clemantine querían que sus hijas escaparan de la masacre. Así que, un día en 1994, les informaron a sus hijas que iban a ir a Butare para visitar a su abuela. Clemantine estaba contenta porque a ella le gustaba mucho pasar tiempo con su abuela. No tenía idea de que en realidad se estaban escapando de una masacre. Poco tiempo después, un hombre misterioso llegó en un vehículo. Era de noche. Clemantine y Claire se subieron al vehículo.

Después de salir de la casa de la familia Wamariya,

[1]gobierno - government

Clemantine Wamariya: Escritora y activista

Clemantine Wamariya nació en 1988 en Kigali, la capital de Ruanda, en África. Nació en una familia tutsi. Clemantine y sus dos hermanos vivían felizmente en Kigali. Clemantine era una niña feliz. Sus hermanos, Pudi y Claire, también eran niños felices. La familia Wamariya era una familia unida. Los padres querían mucho a sus hijos y pasaban mucho tiempo con ellos. Para la familia Wamariya, la vida en Kigali era buena.

Petra Herrera

Un día, un grupo de hombres, llegaron al bar. Tomaron mucho alcohol y comenzaron a disparar[7] sus pistolas. Accidentalmente, los hombres le dispararon[8] a Petra. Petra no murió inmediatamente, pero trágicamente murió poco tiempo después.

Pancho Villa no le dio crédito a Petra Herrera por sus contribuciones militares. Increíblemente, ni Villa ni los libros sobre la historia de México reconocieron a Petra Herrera como heroína de la Revolución Mexicana. Con el tiempo, los historiadores comenzaron a reconocerla y, ahora, Petra Herrera es reconocida como una de las muchas heroínas de la Revolución Mexicana.

[7] *disparar - to shoot*
[8] *dispararon - they shot*

Mujeres extraordinarias

En 1917, Petra Herrera decidió unirse a Venustiano Carranza, otro revolucionario mexicano. Petra y sus revolucionarias participaron en varias batallas. En poco tiempo, Petra se convirtió en una leyenda. Otra vez, Petra pensó que sus superiores iban a darle el título de general, pero otra vez le dijeron que no.

– No es posible darle a una mujer el título de general –le dijeron.

Así, le dieron el título de coronel. Para ellos, el título de coronel era suficiente, pero para Petra era una humillación. Los superiores de Petra también eliminaron el grupo revolucionario de mujeres. Ahora, Petra ya no era general ni tenía a su grupo de mujeres revolucionarias. Poco después, sus superiores le hicieron un insulto final: le dijeron que la necesitaban como espía.

Petra prefería participar en batallas, pero obedeció las órdenes. Pensaba que la Revolución era más importante que su carrera militar. Petra fue a trabajar como espía a un bar en Jiménez, Chihuahua. Petra les servía alcohol a los militares y escuchaba sus conversaciones con mucha atención. Cuando escuchaba información importante, se la pasaba a los hombres de Carranza.

Petra Herrera

Petra y su tropa de 400 mujeres participaron en la batalla. La ayuda de Petra y de su tropa de mujeres fue crucial para ganar esa importante batalla. La victoria fue decisiva en la Revolución Mexicana. Ahora, los revolucionarios tenían acceso a todo México. También tenían todas las armas y los explosivos de Torreón. Todo eso ayudó a Villa y a sus revolucionarios a ganar muchas otras batallas importantes.

Después de la Batalla de Torreón, Petra Herrera ya era famosa en México. Con toda la atención y el crédito por esa victoria, Petra pensó que, finalmente, Pancho Villa le iba a dar el título de general. Pero Villa decidió no reconocer las contribuciones militares de una mujer.

Como resultado, en 1917, Petra decidió abandonar el grupo revolucionario de Villa. Formó un nuevo grupo militar… ¡un grupo de mujeres! No existen documentos que describan al grupo de Petra Herrera, pero se dice que llegó a comandar a aproximadamente mil (1000) mujeres. Para las mujeres, Petra era una líder excepcional. También era una protectora dedicada. En México, se dice que Petra no permitía que los hombres pasaran la noche en su campamento porque no quería que ni un solo hombre abusara de sus revolucionarias.

Mujeres extraordinarias

Pedro continuaba siendo un líder muy respetado, ganaba muchas batallas y tenía una excelente reputación. Todos los revolucionarios notaban su talento y lo admiraban, incluyendo al general Villa. Los revolucionarios necesitaban a Pedro para ganar más batallas, así que Pedro decidió revelar su gran secreto:

> – No soy un hombre, soy una mujer. Me llamo Petra, PETRA Herrera.

En 1914, Petra se convirtió en la capitana de 200 hombres. Continuó ganando batallas, pero los hombres no la respetaban como habían respetado a «Pedro». Así que Petra decidió abandonar la tropa. Formó una nueva tropa… ¡Una tropa de mujeres! En poco tiempo, cuatrocientas (400) valientes mujeres se unieron a la tropa de Petra Herrera.

Durante los meses de marzo y abril de 1914, ocurrió la Toma de Torreón. Fue un evento muy importante para el grupo de Pancho Villa. En Torreón, había muchas armas y también muchos explosivos. Torreón también tenía acceso a vías del tren[6]. Las vías ayudarían a los revolucionarios a transportar armas y personas por todo México más rápidamente. ¡Las tropas de Pancho Villa necesitaban controlar Torreón!

[6] *vías del tren - railways*

poco tiempo, notaron sus talentos. ¡Estaban muy impresionados con «él»! Pedro usaba el rifle con mucha precisión. También era muy bueno con la espada y un experto en explosivos. Poco a poco, Pedro obtuvo el respeto de los miembros del grupo revolucionario de Pancho Villa.

Después de varios meses, Pedro comenzó a convertirse en uno de los líderes del grupo del general Villa. En poco tiempo, Pedro comenzó a planear diferentes batallas. Sus estrategias militares eran muy inteligentes y resultaron en muchas victorias. Los revolucionarios de Villa respetaban y admiraban a Pedro.

Un día, Pedro escuchó a dos hombres que hablaban de sus planes para capturar a una muchacha. ¡Petra estaba alarmada! No quería que los hombres capturaran a la muchacha, pero tenía que reaccionar como un hombre. Así que «Pedro» caminó hacia los hombres y les dijo:

– Esa muchacha es para mí.

Los hombres respetaban a Pedro. ¡También le tenían miedo! Inmediatamente, abandonaron su plan y se fueron. Pedro «capturó» a la muchacha y, en secreto, la ayudó a escapar.

Mujeres extraordinarias

revolucionarios. Quería unirse al grupo de Pancho Villa, pero había un problema: Petra no quería preparar comida ni curar enfermos. Ella quería participar en las batallas... Decidió participar como hombre. Así, Petra inició un plan para convertirse en hombre: se cortó el cabello[4], comenzó a usar pantalones de hombre y también practicó cómo caminar y hablar como un hombre.

Al final, Petra se convirtió en «Pedro». Un día, «Pedro» se presentó en el campamento del general Villa. Los hombres del grupo del general Villa le preguntaron:

– Pedro, ¿por qué quiere unirse al grupo del general Villa?

«Pedro» escuchó la pregunta y, nerviosa, les respondió:

– Porque soy un hombre aventurero, valiente y muy bueno con el rifle. También soy muy bueno con la espada[5]. Y lo más importante, me identifico con los ideales del general Villa.

¡Todos los hombres de Villa estaban convencidos de que «Pedro» era un hombre! Aceptaron a Pedro y, en

[4]*se cortó el cabello - she cut her hair*
[5]*espada - sword*

las consecuencias. Durante 35 años, muchos mexicanos vivieron en condiciones de pobreza extrema. Muchas personas sufrieron de hambre y también sufrieron opresión. Nadie podía cuestionar al dictador sin sufrir severas consecuencias. Díaz usaba la opresión y la violencia para controlar a la población mexicana.

En 1910, los mexicanos decidieron comenzar una revolución. Como resultado, líderes de diferentes partes de México comenzaron la Revolución Mexicana. Uno de los líderes más famosos fue el general Francisco «Pancho» Villa.

Muchos hombres, y también muchas mujeres, se unieron a diferentes grupos revolucionarios. Los hombres participaban en batallas, pero las mujeres no. No se permitía que las mujeres participaran en las batallas. Solo se permitía que las mujeres prepararan comida para los revolucionarios y curaran a los enfermos. Pero había una mujer que no estaba satisfecha con ese rol. Esa mujer se llamaba Petra Herrera.

Petra Herrera nació a finales de 1800. Su familia era muy pobre y eso la afectó; ella se identificaba con los ideales de los revolucionarios. Cuando la Revolución Mexicana comenzó en 1910, Petra decidió unirse a los

Petra Herrera: Revolucionaria

En 1876, comenzó en México la dictadura[1] de Porfirio Díaz. El dictador tenía un plan: darles a los mexicanos todo lo que necesitaban para que fueran completamente dependientes de su gobierno[2]. Su eslogan era: «Pan o palo[3]». Este eslogan comunicaba la ideología de Díaz: obedecer a los líderes políticos o sufrir

[1] *dictadura - dictatorship*
[2] *gobierno - government*
[3] *pan o palo - bread or stick/club: the government philosophy of "obey or suffer the consecuences"*

plica cómo, en 1999, tres (3) estudiantes de Kansas descubrieron la impresionante labor de Irena Sendler. Inspiradas por la vida de Irena, estas tres muchachas decidieron escribir y actuar su historia en varias partes de Estados Unidos y también en otros países[10]. Con el tiempo, la historia de Irena se hizo famosa por todo el planeta. Irena murió el 12 de mayo del 2008, cuando tenía 98 años. Continuó ayudando a las personas que la necesitaban durante toda su vida.

---

[10] *países - countries*

Mujeres extraordinarias

la lista de los prisioneros ejecutados. Finalmente, le dijo a Irena: «Vamos, te voy a ayudar a escapar». Así, el hombre sacó a Irena de la prisión de Pawiak. Resultó que los líderes de la Zegota le habían pagado a uno de los nazis para que ayudara a Irena a escapar.

Cuando el conflicto en Varsovia terminó, Irena realmente quería que los niños regresaran con sus familias. Así, Irena fue a la casa de su amiga para buscar las jarras. Irena las encontró y se las dio al Comité de Salvamento de los Judíos. Tristemente, la mayoría de las familias ya estaban muertas. Unos murieron de enfermedades, pero la mayoría fueron asesinados por los nazis en diferentes campos de concentración. El Comité de Salvamento encontró familias adoptivas para varios de los niños, pero la mayoría fueron llevados a orfanatos.

En el 2007, Irena fue candidata al Premio Nobel de la Paz, pero no ganó. Cuando las personas le preguntaron por qué había decidido salvar a todos esos niños judíos, ella les dijo: «Es importante ayudar a las personas que lo necesitan, sin importar su religión ni su nacionalidad. Ayudar a esos niños fue la justificación de mi existencia en este planeta».

En el 2011, se publicó un libro titulado *Life in a Jar: The Irena Sendler Project*. Este libro de Jack Mayer ex-

Irena Sendler

Durante meses, la madre de Elzbieta llamó por teléfono a la casa de Stanislawa para escuchar a su bebé. Tristemente, poco tiempo después, los padres de Elzbieta murieron en el gueto.

Irena continuó sacando bebés del gueto. En solo un año (de 1942 a 1943), ella sacó a 2500 niños del gueto. Continuó escribiendo registros para todos los niños y guardándolos en jarras. Irena escondió[9] las jarras en la casa de una amiga.

Trágicamente, el 20 de octubre de 1943, Irena fue arrestada por la Gestapo (la policía secreta de los nazis). Los miembros de la Gestapo llevaron a Irena a la prisión de Pawiak. En la prisión, la interrogaron y la torturaron. Tenían la intención de forzarla a revelar dónde estaban los niños judíos. ¡Irena resistió la tortura! No reveló dónde estaban los niños ni sus identidades. A consecuencia de su silencio, los nazis sentenciaron a Irena a muerte.

Irena estaba preparada para morir protegiendo a los judíos y también a las personas que los habían ayudado. El día de su ejecución, un guardia de la prisión sacó a Irena de su celda. Después, escribió «Irena Sendler» en

[9]*escondió - she hid*

Mujeres extraordinarias

que no llorara. Inmediatamente, metieron materiales en la caja para esconder[8] a la bebé. ¡Todos tenían miedo! Rápidamente, el hombre de la Zegota llevó la caja a un vehículo que transportaba materiales para la construcción. Nervioso, se fue con la bebé.

En poco tiempo, el hombre llegó a la zona de inspección. ¡Tenía mucho miedo! «¿Van a escuchar a la bebé? ¿Van a encontrarla?», pensó. Los soldados nazis inspeccionaban el vehículo y el hombre temblaba de miedo. Los nazis le hicieron varias preguntas y, afortunadamente, no vieron a la bebé. Al final, permitieron que el hombre saliera y el vehículo pasó por la zona de inspección.

Después de salir del gueto, Irena llevó a la bebé a la casa de su amiga Stanislawa Bussoldowa. En la casa de su Stanislawa, Irena escribió la información original de la bebé y su información nueva para tener un registro: «Elzunia Ficowska - Elzbieta Bussoldowa». Irena y Stanislawa guardaron la cuchara de plata, y así, la cuchara se convirtió en un certificado de nacimiento. Irena quería que Elzbieta y todos los niños tuvieran información sobre sus orígenes y sus identidades.

[8]*esconder - to hide*

cowska. Los Ficowska tenían una bebé de 5 meses. Era muy probable que los padres de la bebé fueran a morir. Los padres no querían que su bebé también muriera, así que hablaron con Irena sobre un plan para salvarla. Irena estaba nerviosa y muy triste. Separar a una bebé de sus padres iba a ser terrible.

El día para iniciar el plan llegó. Irena llegó al apartamento de los Ficowska. Pocos minutos después, un hombre de la Zegota también llegó. La mamá lloraba descontroladamente.

> – ¿Me puede garantizar que mi bebé no se va a morir? –le preguntó la madre, inconsolable.

> – No, pero es muy probable que vaya a morir en el gueto –respondió Irena con voz triste.

La madre metió a la bebé en una caja[6]. También metió una cuchara de plata[7]. La cuchara de plata decía: «Elzunia. 5 de enero de 1942». Así, en el futuro, Elzunia tendría un objeto familiar con su identidad real.

Nerviosa, Irena le dio un narcótico a la bebé para

---

[6]*caja - box*
[7]*cuchara de plata - silver spoon*

Mujeres extraordinarias

los judíos. La organización funcionaba con la ayuda del gobierno[4] polaco y tenía una misión: salvar a los judíos.

Irena se dedicó a la organización y comenzó a ayudar a los huérfanos[5]. También estableció un sistema para sacar a los niños huérfanos del gueto. Los huérfanos salían en secreto en ambulancias. Las ambulancias transportaban a las personas que estaban muy enfermas. Con el tiempo, los nazis comenzaron a controlar las ambulancias, así que Irena tuvo que encontrar otras maneras de sacar a los niños. Irena estableció un sistema para sacar a los niños en vehículos que transportaban materiales para la construcción.

Sacar a los niños solo era parte del plan. Irena también tenía que inventar una nueva identidad para los niños y buscar familias adoptivas para los huérfanos. Irena escribió un registro para todos los niños. Escribió la información de los padres y de los niños en unos papeles pequeños. Guardaba la información en jarras para que los niños pudieran reconectarse con sus familias biológicas después del conflicto con los nazis.

Un día, Irena fue al gueto y visitó a la familia Fi-

---

[4]*gobierno - government*
[5]*huérfanos - orphans*

Irena Sendler

un área separada. El área se llamaba el gueto[3] de Varsovia. Los nazis forzaron a más de 400 000 judíos a vivir en el gueto. No permitían que los judíos salieran del gueto ni que otras personas entraran al gueto.

Las condiciones en el gueto eran terribles y, en poco tiempo, los judíos comenzaron a enfermarse. Muchas personas se enfermaron de tifus y de tuberculosis. El futuro de los residentes del gueto era la muerte. Aproximadamente 5 000 personas morían al mes en el gueto. Los nazis tenían miedo de que la enfermedad se convirtiera en una epidemia. Así que permitieron que varias personas entraran al gueto para controlar las enfermedades y ayudar a los enfermos.

Irena era trabajadora social, así que ella pudo obtener un pase del Departamento de control de epidemias. Con el pase, Irena pudo entrar al gueto. Ella visitaba el gueto todos los días. En el gueto, vio mucho sufrimiento y, por eso, decidió que iba a ayudar a los judíos.

Irena se unió a una organización secreta que se llamaba Zegota (la Asociación para la Ayuda de Judíos). La Zegota era un grupo de activistas que querían ayudar a

---

[3]*gueto - ghetto (a quarter of a city in which Jews were formerly required to live)*

Mujeres extraordinarias

En 1917, Varsovia sufrió una epidemia de fiebre tifus[2]. El tifus era una enfermedad terrible y todas las personas tenían miedo de contagiarse. Los doctores también tenían miedo de contagiarse. Por eso, muchos doctores no ayudaban a los enfermos. El padre de Irena fue una excepción: ¡él ayudó a muchos pacientes! Ayudó a todas las personas, incluyendo a muchos judíos. Tristemente, se contagió de tifus y murió cuando Irena tenía solo 7 años.

Después de su muerte, la comunidad judía quería ayudar a la familia Krzyzanowski. Le ofreció ayuda a la familia, pero la madre de Irena no la aceptó. Así que la comunidad judía quería ayudar a Irena y decidió pagar sus estudios universitarios.

En la universidad, Irena era una estudiante excelente y una activista dedicada. Irena vio que los judíos eran discriminados y decidió defenderlos. Como resultado, tuvo problemas con la administración y ¡fue suspendida por 3 años! Finalmente, después de mucho tiempo, Irena continuó con sus estudios y se graduó de la universidad.

En 1939, Alemania invadió Polonia. Pocos años después, en 1942, los nazis obligaron a los judíos a vivir en

[2]*tifus - typhus, an infectious disease caused by bacteria that are spread to humans by fleas and lice. Symptoms include fever, headache, and rash.*

Irena Sendler: Trabajadora social y filántropa

Irena Sendler nació el 15 de febrero de 1910. Nació en Varsovia[1], la capital de Polonia. Como su familia era católica, sus padres se dedicaban a ayudar a muchas personas. El padre de Irena, el doctor Stanisław Krzyzanowski, ayudaba especialmente a muchos judíos. Irena y sus hermanos aprendieron de su padre la importancia de ser compasivo y de ayudar a los que lo necesitaban.

[1]*Varsovia - Warsaw (the capital of Poland)*

Mujeres extraordinarias

En Estados Unidos, las personas comenzaron a pagarle a Sonita por su música. Sonita usaba el dinero para ayudar a su familia económicamente. Como resultado, la familia ya no necesitaba vender a Sonita. Finalmente, Sonita podría decidir su futuro.

Sonita dice que ahora su familia es fan de su música. También dice que comprende las acciones de su madre: «Yo sé que vender a las hijas es parte de la cultura afgana y también sé que para muchas madres no hay otra realidad». Sonita continúa escribiendo canciones y luchando por los derechos[8] de las mujeres. Ella dice que, después de graduarse de la universidad, quiere regresar a Afganistán para continuar con su carrera de «raptivista».

---

[8]*luchando por los derechos - fighting for the rights*

Sonita Alizadeh

Días después, el video estaba en YouTube. El video era muy impactante y, rápidamente, se convirtió en un video viral. En solo dos semanas, ¡ya tenía más de 84 000 vistas[4]!

Unas semanas después de que el video apareció en YouTube, Sonita fue contactada por una organización llamada Strongheart Group. Strongheart Group es una organización de Estados Unidos que publica historias de personas que han sido[5] afectadas por problemas sociales. El grupo Strongheart le ofreció a Sonita una visa de estudiante y una beca[6] completa para que estudiara en Wasatch Academy, en Utah. Sonita aceptó, pero no le informó a su madre por miedo a su reacción.

Después de estar en Estados Unidos por varios días, Sonita llamó a su mamá. Nerviosa, le dijo: «Estoy en Estados Unidos. Voy a tener la oportunidad de estudiar. Estoy muy contenta». Su madre estaba furiosa, pero no tenía otra opción… Le respondió a su hija: «Necesitas usar tu hijab[7] todos los días. Cuando puedas, visítanos».

[4]*vistas - views*
[5]*han sido - have been*
[6]*beca - scholarship*
[7]*hijab - hijab, a head covering worn in public by some Muslim women*

Mujeres extraordinarias

Durante la competencia, Sonita rapeó su canción y… ¡ganó el primer (1.ᵉʳ) lugar! Y, con el primer lugar, ¡recibió 1000 dólares! Sonita decidió ofrecerle los 1000 dólares a su mamá. Su mamá estaba sorprendida. Ella había vivido con la idea de que las mujeres no podían ayudar económicamente a sus familias.

Una documentalista iraní, llamada Rokhsareh Ghaemmaghami, vio la participación de Sonita en la competencia y decidió producir un documental sobre «la rapera afgana». Sonita aceptó participar en el documental, pero había un problema: su madre quería que fuera a Afganistán para ser la esposa del hombre afgano.

La documentalista sabía que tenía que ayudar a Sonita. Después de pensar en varias opciones, Rokhsareh decidió hablar con la madre de Sonita. Le dijo: «Necesito pasar 6 meses con su hija para producir mi documental. Le puedo pagar 2000 dólares por esos 6 meses con Sonita. ¿Qué dice?». Para sorpresa de todos, la madre de Sonita aceptó.

Durante los 6 meses con Rokhsareh, Sonita escribió una canción impactante: *Novias en venta (Brides for Sale)*. La canción habla sobre el matrimonio de niñas con hombres adultos. Sonita también decidió filmar un video.

– Un hombre de Afganistán quiere que seas su esposa.

– ¡¿Qué?! –exclamó Sonita sorprendida.

– Tu hermano necesita 7000 dólares para obtener una esposa. Vamos a venderte por 9000 dólares.

Al escuchar eso, Sonita no pudo hablar. ¡Otra vez su familia quería venderla! Sonita tenía mucho miedo.

Después de unos días en Irán, la madre de Sonita regresó a Afganistán. Sonita no se fue con su madre, pero sabía que sería difícil escapar de ese matrimonio.

Poco tiempo después, en el 2014, Estados Unidos financió una competencia musical en Teherán. Los participantes tenían que escribir una canción con un tema especial: convencer a los afganos de votar en las elecciones. Sonita quería competir, pero iba a ser difícil porque... ¡en Irán las mujeres no tenían permiso de cantar[3] en público! Sonita tenía miedo, pero tenía más coraje que miedo. Ella decidió escribir una canción y participar en la competencia.

[3]*cantar - to sing*

Mujeres extraordinarias

Sonita era una estudiante dedicada. También aprendió a tocar la guitarra y a usar una cámara fotográfica. Durante ese tiempo, Sonita comenzó a escuchar rap. Sus artistas favoritos eran el iraní Yas y el estadounidense Eminem.

Inspirada por la música rap, Sonita comenzó a escribir canciones y poemas. Muchas de sus canciones hablaban del horror de las niñas que son forzadas a ser las esposas de hombres adultos. Sonita narraba historias de familias que habían vendido a sus hijas de 12 o 13 años. También narraba historias de niñas que eran abusadas por sus esposos. Hablaba de niñas que no tenían futuro.

Después de un tiempo de vivir en Irán, el padre de Sonita murió. Por eso, su madre decidió regresar a Afganistán, pero ni Sonita ni su hermana querían regresar. Querían continuar viviendo en Irán. Así que cuando su madre y su hermano regresaron a Afganistán, las hermanas no se fueron con ellos. Ellas continuaron viviendo en Irán.

Unos meses después, la madre de Sonita decidió regresar a Irán para visitar a sus hijas. Sonita estaba feliz. Quería ver a su madre. Cuando su madre llegó, Sonita se sorprendió… Su madre le reveló el motivo de su visita:

pagó a un soldado talibán para que los ayudara a escapar a Irán. Todos sabían que el escape iba a ser muy difícil. Durante el escape, el soldado dijo que quería más dinero. Le dijo a la familia: «Si quieren llegar a Irán... con sus hijas, necesito más dinero». Los padres de Sonita no tuvieron otra opción. Le pagaron al soldado el dinero que quería y, finalmente, llegaron a Teherán.

Cuando Sonita tenía 10 años, sus padres le dijeron que iba a ser la esposa de un hombre adulto porque necesitaban dinero. ¡La iban a VENDER! Ella estaba confundida y tenía mucho miedo. Días después, sus padres decidieron que ya no iban a vender a su hija. Sonita estaba confundida pero contenta.

En Irán, Sonita y su hermana no podían ir a la escuela porque eran indocumentadas. Así que Sonita comenzó a trabajar para ayudar a su familia. Ella trabajaba limpiando[1] las oficinas de una organización que ayudaba a los refugiados. Sonita les comentó a las personas de la organización que ella no sabía leer[2] ni escribir, pero que realmente quería aprender. Las personas de la organización decidieron ayudarla. Leían con Sonita frecuentemente y, poco a poco, Sonita aprendió a leer y a escribir.

[1] limpiando - cleaning
[2] leer - to read

Sonita Alizadeh: Rapera

Sonita Alizadeh nació en 1996 o 1997 en Herat, Afganistán. No se sabe exactamente cuándo nació. Cuando nació, Herat ya era una de las partes de Afganistán dominada por el talibán. La familia de Sonita, como muchas familias afganas, tenía problemas financieros. Los talibanes no permiten que las mujeres trabajen y, como resultado, no pueden ayudar a sus familias con su situación financiera.

Cuando Sonita tenía 8 años, su familia decidió escapar de Afganistán. Decidieron irse a Irán. La familia le con otros refugiados. Después de unas semanas de vivir en Berlín, Yusra encontró un club donde ¡iba a poder nadar! En pocos días, Yusra comenzó a nadar otra vez y decidió audicionar para uno de los equipos de natación de Berlín. Después de su audición…, ¡ella fue aceptada! Inmediatamente, muchas personas del club notaron su gran talento para la natación. Ellos decidieron ayudar a Yusra.

En el 2016, los organizadores de los Juegos Olímpicos decidieron aceptar un equipo olímpico formado solo por refugiados. ¡Yusra fue aceptada en el equipo! Así, en el 2016, ella compitió en el nado mariposa[9] de 100 metros. No obtuvo una medalla olímpica, pero recibió una invitación para hablar sobre la situación de los refugiados en la Organización de las Naciones Unidas.

Con el tiempo, el resto de su familia también se fue a vivir a Alemania. Yusra continúa representando a los refugiados. También se está preparando para participar en las competencias de natación de los Juegos Olímpicos Tokio 2021.

[9]*nado mariposa - butterfly swimming event*

Mujeres extraordinarias

Pasaron por Grecia, Macedonia y Serbia y, después, entraron a Hungría.

Cuando llegaron a Hungría, ¡fueron arrestadas por la policía! La policía llevó a Yusra y a Sara a un campo de refugiados[8]. ¡Había muchos refugiados en ese sitio! Las hermanas no querían vivir en el campo de refugiados. ¡Querían vivir en Alemania! Por eso, decidieron escapar. ¡Iban a ir a Alemania!

Pocos días después de llegar al campo de refugiados de Hungría, Yusra y Sara se escaparon en secreto. Caminaron hacia su destino final: Alemania. Las hermanas ya habían pasado por Líbano, Turquía, Grecia, Macedonia y Serbia. Y ahora tendrían que pasar por Hungría y por tres (3) naciones más.

Las hermanas continuaron caminando. Caminaron y caminaron... Resultó que, en total, caminaron por un mes y, finalmente, llegaron a Berlín en Alemania.

En Alemania, la policía y los alemanes aceptaron a Yusra y Sara. Ya no tenían miedo a ser deportadas. Al llegar a Berlín, las hermanas vivieron en un campo especial

---

[8]*campo de refugiados - refugee camp, a temporary settlement built to accommodate displaced people who have fled from their home country*

Había dos otras personas que también nadaban bien. Ellos se metieron al agua con Yusra y Sara. Los cuatro (4) nadadores comenzaron a jalar el bote. Ellos nadaban y jalaban… Nadaban y jalaban. Era súper difícil jalar el bote. Como resultado, Yusra sufrió varias laceraciones[6] en una de sus manos. También sufría por el frío. ¡Estaba completamente exhausta! «No puedo continuar más», pensó Yusra.

En ese momento, Yusra vio a un niño pequeño que estaba en el bote. El niño la estaba observando con mucha atención. Era obvio que tenía mucho miedo. Yusra pensó en su hermanita y continuó nadando. Las cuatro (4) personas nadaron por más de tres horas. Exhaustos y sufriendo de hipotermia, los 4 nadadores finalmente llegaron a la costa de Grecia con el bote.

Después de llegar a la costa de Grecia, Yusra y Sara decidieron que tenían que continuar. Exhaustas, comenzaron a caminar hacia Alemania. Caminaron en secreto para que la policía no las deportara a Siria. En varias ocasiones, tuvieron que esconderse[7]. Estaban fatigadas y estresadas. Las hermanas caminaron por varios días.

---

[6]*laceraciones - cuts*
[7]*esconderse - to hide*

Mujeres extraordinarias

– Al bote, ¡ahora!

Nerviosos, los migrantes se metieron al pequeño bote. Yusra y Sara tenían miedo, pero se metieron al bote. Un minuto después, el bote salió de la costa de Turquía.

El bote iba hacia Grecia, pero, después de 15 minutos, el motor ya no estaba funcionando. El traficante no pudo reparar el motor. Después de pocos minutos, ¡el agua comenzó a meterse al bote! ¡Todos tenían miedo! Con pánico, Yusra y Sara comenzaron a tirar[4] al agua las pocas posesiones que tenían. Las otras personas también tiraron todas sus posesiones al agua. Tirar todo al agua fue en vano. El agua continuaba metiéndose al bote. «¿Nos vamos a morir?», pensaron.

En el bote había adultos y niños. Yusra y Sara los observaron a todos.

– Tenemos que nadar –se dijeron–. Tenemos que jalar[5] el bote.

Las hermanas se metieron al agua para jalar el bote. El agua estaba muy fría, pero a ellas no les importó el frío. Se dijeron:

– Si no jalamos, ellos van a morir. ¡A jalar!

[4]*tirar - to throw*
[5]*jalar - to pull*

mediatamente un traficante les ordenó: «¡Al bote!». Nerviosas, Yusra, Sara y otras dieciocho (18) personas se metieron al pequeño bote.

El bote comenzó a navegar hacia Grecia pero, en poco tiempo, la guardia costera de Turquía los interceptó. Yusra y Sara tenían miedo. No querían que la guardia costera las deportara a Siria. La guardia costera ordenó que el bote regresara a la costa de Turquía. Todos estaban nerviosos. «¿Nos van a deportar?», se preguntaron.

Ahora, el bote iba en dirección a Turquía. Cuando llegó a la costa, el traficante les explicó:

– Otro bote va a llegar en unas horas. Ese bote va a llevarlos a Grecia.

Después de unas horas, un bote pequeño llegó a la costa. Era un bote de motor para 6 personas. Los traficantes les ordenaron a los dieciocho (18) migrantes:

– ¡Al bote!

Yusra y Sara tenían miedo. ¡Había 20 personas en el bote! «Todos nosotros no podemos ir en este pequeño bote», pensaron. «¿Realmente vamos a poder llegar a Grecia en este pequeño bote?». ¡Los migrantes no querían meterse al bote! Impaciente, el traficante repitió:

Mujeres extraordinarias

realmente tenía mucho miedo. La madre de Yusra decidió que sus dos hijas más grandes, Sara y Yusra, se fueran de Siria. Quería que ellas comenzaran una nueva vida en Berlín, Alemania. Unos días después de hablar con su madre, Sara y Yusra salieron solas de Damasco. Ni sus padres ni su hermanita salieron con ellas. Las hermanas Mardini salieron con un poco de ropa, un celular y un poco de dinero. Necesitaban el dinero para pagarles a los traficantes que las iban a ayudar a irse a Europa.

Sara y Yusra fueron al aeropuerto de Damasco y tomaron un vuelo[3] a Beirut, la capital de Líbano. En Beirut, tomaron otro vuelo a Estambul, Turquía. Las hermanas tenían mucho miedo cuando salieron del aeropuerto de Estambul. Tenían miedo de que la policía las arrestara y las deportara a Siria.

Yusra y Sara necesitaban encontrar a un traficante que las ayudara a llegar a Grecia. Así que las hermanas comenzaron a caminar hacia la costa. Después de unas horas, ¡las hermanas encontraron a un traficante! Nerviosas, le dieron dinero para que las llevara a la costa de Grecia. Iban a ir a Grecia en bote.

Después de unas horas, el bote llegó a la costa. In-

[3]*vuelo - flight*

mente, Yusra no estaba nadando cuando la bomba destruyó su club. A consecuencia de la destrucción, Yusra ya no pudo continuar nadando. Ocurrían más ataques y bombardeos en Damasco. Las personas ya no podían salir de sus casas. Estaban muriendo más y más personas inocentes. Como resultado, muchas personas comenzaron a abandonar Damasco.

La situación era muy grave y Yusra tenía miedo. Un día, decidió hablar con sus padres:

– Necesitamos irnos de Siria. Necesitamos irnos a Europa. No quiero que mi familia también sea víctima de la violencia.

– Yusra, migrar de Siria a Europa es muy difícil –le respondió su madre con voz seria–. Migrar a Europa requeriría caminar mucho. Tu hermanita no puede caminar esa distancia. Ir a Europa también requeriría navegar en un bote pequeño. Simplemente, no podemos irnos.

La hermanita de Yusra solo tenía 6 años. Ella no podía caminar una gran distancia. Por eso, la madre de Yusra decidió que no podían irse de Siria.

Cuando Yusra tenía 14 años, su casa fue destruida durante uno de los bombardeos. Ahora la familia Mardini

Mujeres extraordinarias

Yusra y su papá se metían al agua para nadar y, en poco tiempo, la natación fue la actividad favorita de Yusra.

Yusra continuó nadando. A ella le gustaba nadar. Cuando ella estaba en el agua, sus problemas se evaporaban. En el agua, ella era feliz. A Yusra le gustaba mucho ir a la escuela, nadar y pasar tiempo con su familia. Después de varios meses, Yusra comenzó a practicar todos los días y, en poco tiempo, pudo participar en muchas competencias. Era una atleta excelente y, como resultado, llamó la atención de muchas personas. Muchas personas pensaban que, si Yusra continuaba practicando, en el futuro tendría la oportunidad de competir en los Juegos Olímpicos. Yusra y su familia estaban muy felices.

En el 2011, cuando Yusra tenía 13 años, Siria comenzó a tener problemas políticos. Muchas personas comenzaron a protestar las políticas del presidente Asad. Los sirios querían democracia en Siria. Al presidente Asad no le gustaban las protestas, así que sus hombres comenzaron a atacar a los protestantes. La violencia en Siria continuaba y, como resultado, muchas personas inocentes estaban muriendo.

Había mucha violencia y destrucción en Damasco. Muchas bombas explotaban frecuentemente y, un día, ¡una bomba explotó en el club de natación! Afortunada-

Yusra Mardini : Nadadora[1] olímpica

Yusra Mardini nació el 5 de marzo de 1998 en Damasco, Siria. Cuando era pequeña, Yusra le tenía miedo al agua; simplemente, no quería meterse[2] al agua. No quería estar en el agua y, definitivamente, ¡no quería nadar! Su papá quería convencerla para que se metiera al agua. Un día le dijo: «Métete al agua. Todo va a estar bien». Por fin, la convenció y ella se metió al agua. Tenía mucho miedo, pero su papá la ayudó. Todos los días,

[1] nadadora - swimmer
[2] meterse - to get in

Mujeres extraordinarias

La competencia comenzó otra vez e inmediatamente Bebe atacó a Jingjing. Continuó atacando y, finalmente, ¡obtuvo la victoria! Bebe era la número uno… ¡Por fin tenía la medalla olímpica de oro!

Después de los Juegos Paralímpicos, Bebe se concentró en sus estudios. Se graduó y decidió estudiar Comunicaciones y Relaciones Internacionales en la Universidad de Roma. Bebe y sus padres querían ayudar a otros amputados. Decidieron establecer Art4Sport, una organización que ayuda a las personas que necesitan prótesis.

Bebe continúa practicando esgrima porque quiere continuar participando en los Juegos Paralímpicos… Quiere obtener otra medalla de oro.

Era una situación difícil. La esgrima era muy importante para Bebe, pero su educación también era súper importante. Quería ir a los Juegos Paralímpicos y también quería graduarse de la escuela. ¡Quería ir a la universidad! Bebe continuó practicando y estudiando. Finalmente, en el 2016, fue a Río de Janeiro con el equipo italiano de esgrima. En Río, Bebe participó en varias competencias y en todas ¡obtuvo la victoria! Bebe Vio ¡llegó a la final de los Juegos Paralímpicos!

La final iba a ser difícil. Su rival era la campeona paralímpica, Jingjing Zhou, de China.

Bebe se preparó mucho para la final. El día de la competencia, Bebe estaba muy nerviosa. ¡Quería ser la número uno! La final comenzó y Bebe atacó. Jingjing también atacó. Muchas personas pensaban que Jingjing iba a ganar, pero Bebe estaba decidida. ¡Quería ser la número uno! Bebe atacó agresivamente a Jingjing, pero Jingjing también quería ganar. Atacó agresivamente a Bebe y ¡su espada penetró la máscara de Bebe! El accidente interrumpió abruptamente la competencia. Los doctores reaccionaron inmediatamente. Examinaron a Bebe y, después de unos minutos, le permitieron continuar.

Mujeres extraordinarias

Finalmente, en el 2010, Bebe participó en una competencia de esgrima... ¡en silla de ruedas! Todos los espectadores notaron que Bebe era una persona valiente, decidida y determinada.

Después de esa competencia, Bebe continuó practicando su técnica. En pocos meses, participó en varias competencias. Y, un año después de comenzar a practicar esgrima en silla de ruedas, ¡Bebe obtuvo el primer (1.er) lugar en una competencia internacional! Esa victoria llamó la atención del equipo italiano de esgrima en silla de ruedas. Y, como resultado, Bebe fue invitada a ser parte del equipo nacional.

Bebe comenzó a representar a su nación en varias competencias internacionales. Obtuvo muchos segundos (2.os) lugares, pero ella quería ser la número uno. Finalmente, en el 2014, Bebe obtuvo... ¡su primera medalla de oro[10]! Con esa victoria, el equipo italiano la invitó a los Juegos Paralímpicos de Río de Janeiro. Bebe quería participar en los Juegos Paralímpicos, pero tenía un problema: pasaba muchas horas practicando esgrima, pero no pasaba muchas horas estudiando. Sus profesores no estaban contentos con ella. Le dijeron que tenía que decidir: la escuela o la esgrima.

[10]*medalla de oro - gold medal*

cían que era imposible que las personas que no tenían brazos ni manos participaran en competencias de esgrima. Pero la familia Vio los ignoró y decidió buscar las prótesis perfectas para Bebe.

Bebe consultó a muchos expertos. Ella experimentó con muchas prótesis diferentes. Después de experimentar, Bebe decidió ver competencias en donde participaban atletas amputados. Un día, vio una competencia paralímpica de esgrima y notó que las atletas no usaban prótesis en las piernas. Usaban sillas de ruedas[8]. Las sillas de ruedas eran especiales; se usaban específicamente para la esgrima.

Al final, Bebe decidió que no iba a usar las prótesis para las manos... ni para las piernas. Decidió unir la espada a su codo[9] y competir en una silla de ruedas. Bebe comenzó a practicar esgrima otra vez. Y, otra vez, tenía mucho que aprender. Tenía que aprender nuevas técnicas. Bebe pasaba muchas horas practicando. Fue una experiencia frustrante, pero Bebe decidió usar su frustración como motivación. Decidió continuar practicando. Dedicó todos sus días a la esgrima y también a su educación.

[8]*sillas de ruedas - wheelchairs*
[9]*unir la espada a su codo - to attach the sword to her elbow*

Mujeres extraordinarias

Después de tres meses y medio (3.5) en el hospital y de muchas operaciones, Bebe regresó a la escuela. Todos los niños y muchos de los profesores observaban a Bebe. La observaban con mucha curiosidad. Bebe notó su curiosidad y decidió explicarles todo. Quería educar a los niños y a los profesores sobre la meningitis y también sobre los efectos de la enfermedad. Quería que las personas la aceptaran con sus diferencias. También quería que aceptaran a todas las personas que consideraban «diferentes».

Después de varios meses, Bebe finalmente recibió sus prótesis. ¡Ella tenía mucho que aprender! Tenía que aprender a levantarse, a caminar, a manipular diferentes objetos y a comer sola... ¡usando sus manos prostéticas! Todo era muy difícil y Bebe tenía que practicar mucho para poder usar las prótesis correctamente. Practicaba y practicaba y, poco a poco, aprendió a usar sus prótesis. Aprendió a caminar y a usar las manos.

Un año después de que le amputaron los brazos y las piernas, Bebe decidió que quería practicar esgrima otra vez. Fue con sus padres a consultar a sus doctores. Los doctores les recomendaron que Bebe no practicara esgrima. Les dijeron que no era una buena idea. Muchas personas querían disuadir a Bebe y a su familia. Les de-

A causa de la meningitis, Bebe sufrió otra infección muy grave. La infección le afectó los brazos y las piernas. Para salvar a Bebe, ¡los doctores le tuvieron que amputar parte de los dos brazos! Y también, ¡le tuvieron que amputar parte de las dos piernas! Bebe estaba muy enferma.

Los días pasaban y Bebe se estaba recuperando, pero necesitaba varias operaciones más. Necesitaba trasplantes de piel[4] en los brazos y en las piernas. Las operaciones le causaban mucho dolor[5]. Los dolores eran terribles. Bebe estaba sufriendo mucho. Pero, poco a poco, ella se recuperó. Finalmente, los doctores dijeron: «Bebe no se va a morir, pero todo va a ser muy diferente para ella. Todo va a ser mucho más difícil».

Con solo 11 años, Bebe era una amputada cuádruple. También, a causa de la infección, tenía muchas marcas por todo el cuerpo[6]. El padre de Bebe quería que su hija otra vez fuera una persona independiente. «Todo va a estar bien, Bebe», le decía a su hija. «Vas a caminar otra vez». El padre de Bebe estaba decidido: ¡iba a encontrar las prótesis[7] perfectas para su hija!

[4]*trasplantes de piel - skin transplants*
[5]*dolor - pain*
[6]*por todo el cuerpo - all over her body*
[7]*prótesis - prosthesis (artificial body part)*

Mujeres extraordinarias

Con el permiso de sus padres, Bebe comenzó a participar en las clases de esgrima. Era una niña muy atlética y tenía un gran talento para la esgrima. En pocos meses, la esgrima se convirtió en la actividad favorita de Bebe y Bebe se convirtió en ¡una esgrimista excepcional! Bebe continuó practicando esgrima durante varios años.

Un día, en el 2008, los padres de Bebe notaron que ella estaba muy enferma. Tenía un terrible dolor de cabeza[2]. También tenía mucha fiebre[3] y vómito. Normalmente, tenía mucha energía, pero ese día Bebe no tenía energía.

Los padres de Bebe tenían mucho miedo. ¿¡Qué tenía su hija!? Alarmados, fueron inmediatamente al hospital. En el hospital, los doctores examinaron a Bebe. Determinaron que Bebe tenía meningitis bacteriana. La meningitis es una enfermedad terrible. Frecuentemente, es una enfermedad mortal. «Es muy probable que su hija vaya a morir», les dijeron los doctores a los padres de Bebe. Bebe solo tenía 11 años. Era una niña atlética, con mucha energía y con un futuro brillante... Sus padres no podían aceptar la idea de que su hija se fuera a morir.

[2]*dolor de cabeza - headache*
[3]*fiebre - fever*

Beatrice Vio: Atleta paralímpica

Beatrice «Bebe» Maria Adelaide Marzia Vio nació el 4 de marzo de 1997 en Venecia, Italia. Cuando Beatrice tenía 5 años, visitó una clase de esgrima[1]. Fascinada, Bebe observó a todos los participantes que estaban en la clase. Después de unos minutos, el instructor de esgrima la vio y la invitó a participar. ¡A Bebe le gustó mucho la clase! Ella le dijo a sus padres que quería comenzar a participar en las clases de esgrima.

[1]*esgrima - fencing*

Índice

Beatrice Vio: Atleta paralímpica 1

Yusra Mardini: Nadadora olímpica 9

Sonita Alizadeh: Rapera 18

Irena Sendler: Trabajadora social y filántropa 25

Petra Herrera: Revolucionaria 34

Clemantine Wamariya: Escritora y activista 42

Glosario 52

A bibliography can be found at the end of the Intermediate version on page 74.

This is the
Novice version of
*Mujeres
extraordinarias.*
To read the Intermediate
version, please turn the
book over and read from
the front cover.

About the Author

Nelly Andrade-Hughes is an outstanding Spanish teacher, presenter, and author. She has been teaching Spanish at all levels since 2006. She has presented on acquisition-driven activities and strategies at the local, state and national level. Nelly is a sought-after proofreader and creator of many educational materials. She is an advisor of the Spanish Club and Sociedad Honoraria Hispánica at her school and seeks every opportunity to engage students with her beautiful native language.

Mujeres extraordinarias is Nelly's third Comprehension-based™ Reader. She is also the author of *Selena* and *Minerva*.

A Note to the Reader

This Comprehension-based™ reader is written strategically and comprehensibly to help learners easily pick up the language while enjoying a compelling and informative read. It is based on a manageable amount of vocabulary and numerous cognates, making it an ideal read for advanced-beginning and intermediate level students.

There are two versions of this book under one cover: Novice and Intermediate. The Novice version is based on just 190 unique words, while the expanded intermediate version contains 331 unique words.

All vocabulary from each version is listed in the corresponding glossary at the end of each story, in the middle of the book. Keep in mind that many verbs are listed in the glossary more than once, as most appear throughout the book in various forms and tenses. (Ex.: I go, he goes, he went, let's go, etc.) Language that would be considered beyond the targeted level is footnoted within the text at the bottom of the page where the expression first occurs.

You are sure to be amazed and inspired by the incredible stories of these extraordinary women! We hope you enjoy the stories and enjoy developing FLUENCY in the process.

Mujeres Extraordinarias

Novice Version

by
Nelly Andrade-Hughes

Edited by
Carol Gaab

Portraits by Gwenna Zanin

Graphic Art by Kheya Siddiqui

Cover Design by Kristy Placido

Copyright © 2021 Fluency Matters
All rights reserved.

ISBN: 978-1-64498-229-7

Fluency Matters, P.O. Box 13409, Chandler, AZ 85248
info@FluencyMatters.com • FluencyMatters.com